ARENA DER EINSAMKEIT

Titelbild: Blick vom Nanga Parbat nach Westen. Alleingang 9. 8. 1978
Foto: Reinhold Messner.

Seite 1: Gasherbrum IV und Gasherbrum VI, aus dem Gasherbrum-Tal aufgenommen.
Foto: Reinhold Messner.

Seite 2/3: Knapp unterm Everest-Südgipfel. 8. 5. 1978. Foto: Reinhold Messner.

Vorsatzbild: Lager am Jongsong-La in Sikkim. Im Vordergrund mit Hut und Sonnenbrille W. Freshfield, 1899. Foto: Vittorio Sella.

Nachsatzbild: Schwierige Abstiegsstelle am Sweard-Gletscher in Alaska, 1897.
Foto: Vittorio Sella.

Bildnachweis: Chris Bonington 84 (u.); Yves Buchheim 16, 17 (l. u.), 24 (m. l.), 24 (u. m.), 25 (l. o.), 25 (l. u.), 25 (l. m.), 26 (m. r.), 26 (u. l.), 27, 32 (o. r.), 49, 71, 116/117; Leo Dickinson 85; Kurt Diemberger 10, 11; Horst Fankhauser 41; Robert Ghedina 45 (u. r.), 109 (o. r.); Wolfgang Nairz 99, 109 (m. l.); Albert Precht 24 (m. m.); Vittorio Sella 8, 18/19, 50/51, 52, 53, 55, 56/57, 59, 60, 67, 82, 104, 108/109, 113, 124, 125; Doug Scott 62/63; Marcus Schmuck 44 (u.), 103 (u.); Ing. Weitze 103 (o.); Otti Wiedmann 94, 95. Alle übrigen Bilder fotografierte Reinhold Messner oder sie sind aus seinem Archiv.

Zweite Auflage 1980

Lizenzausgabe für die Bundesrepublik Deutschland:
BLV Verlagsgesellschaft mbH, München
Umschlaggestaltung: Roland Prünster, Bozen
Layout: Reinhold Messner und Hubert Sorbello
Fotolithos: O. Longo, Frangart
Gesamtherstellung: ATHESIADRUCK, Bozen
ISBN 3-405-12458-1

REINHOLD MESSNER

ARENA DER EINSAMKEIT

Expeditionen gestern · heute · morgen

Zweite, überarbeitete Auflage

VERLAGSANSTALT ATHESIA · BOZEN
BLV VERLAGSGESELLSCHAFT MBH · MÜNCHEN

INHALT

Reinhold Messners Arena der Einsamkeit

Reinhold Messners »Arena der Einsamkeit« ist die gewaltige Naturkulisse der Achttausender des Himalaja, der Eisriesen in Alaska und der Andengipfel.

Arena und einsam? Gegensatz in sich, die Arena, das Rund der Antike, angefüllt mit Menschen, das Schauspiel zu betrachten; die Arena der Gegenwart, das Stadion, Menschenmenge, jubelnd, verdammend die Wettkämpfer. Oder auch nur einen einzelnen? Einen Einsamen?

Eine schaulustige Menschenmenge hat es an den großen Bergen nie gegeben. Selbst in unserer Gegenwart, da wohlorganisierte Gruppen im Trekking hinziehen, die Berge zu schauen, die Grate, Gipfel, Gletscher in dieser — vom winzigen Menschen aus gesehen — mächtigsten Arena unserer Erde, empfindet der Betrachter bei ihrem Anblick seine Einsamkeit mit Vehemenz.

Diese Arena an sich ist einsam, einzigartig. Wie sehr jedoch waren und sind es die Menschen, die es gewagt haben und immer noch wagen, sie zu betreten, sie zu ergründen. Wie muß sich Albert F. Mummery einsam gefühlt haben, damals, 1895, als er mit seinen zwei Hunza-Trägern sich aufmachte zum Gipfel des Nanga Parbat? Wie einsam muß Willy Merkl gewesen sein, droben am Mohrenkopf, ehe er für immer einschlief? Wie einsam war wohl Hermann Buhl, als er die Nacht nach den Schritten auf den Gipfel überleben wollte? Oder Mick Burke am 26. September 1975 am Mount Everest? Keiner wird sie schildern können, diese Einsamkeit; wenn es sie auch gibt, die Berichte von so vielen, wenn sie zurückkamen.

Es suchen sie viele, die Einsamkeit. Der meditierende Eremit, der Künstler mit seinem Werk, der Dichter, der Wissenschaftler. Es suchen die Einsamkeit jene, die das Abenteuer locken mag, der Alleinsegler auf den Weltmeeren, der Bergsteiger. Sich abgrenzen, sich zurückziehen, um einer angestrebten Leistung willen, ist nur zu oft der Weg zum Erfolg.

Reinhold Messner kennt die Einsamkeit, er weiß um das einsam Auf-sich-allein-gestellt-Sein. Seine großen Touren, seine neuen Wege zu Gipfeln, haben nur allzuoft ihn einsam sein lassen. Nur zu oft mag er die Einsamkeit gefühlt haben, in jener großen Arena, von der er zu berichten hat. Selbst die drei Tage zu zweit, Messner mit Peter Habeler, durch die Nordflanke zum Gipfel des Hidden Peak, müssen einsame Tage gewesen sein, für ihn, für den Gefährten. Einsam im winzigen Zelt, nachts, im Gedanken an den nächsten Morgen, den Tag, an dem der Gipfel erreicht sein würde.

Die einsamen Männer und Frauen in der gewaltigen Arena des Himalaja, ihr Streben zum Gipfel, den sie sich erkoren, ihre Anstrengungen bis zum Äußersten, ihre Not, ihre Leiden, ihre Qual — ihr einsamer Tod; ihre Freude aber auch nach dem Erreichen ihres Zieles, ihre Dankbarkeit, ihr Glück — was mögen Eistürme und Felsen, könnten sie es aufnehmen und wiedergeben, als Zeugen auszusagen haben? Doch sie sind stumm; Wind und Sturm und Steinschlag und Lawine nur erzeugen Laute.

Unübersehbar ist die Zahl der Berichte vom Wagemut, vom Unternehmungsgeist, vom Tasten, vom Suchen und vom Finden: viele Wege sind gegangen, in der »Arena der Einsamkeit«, Gipfel sind erreicht, neue Wege werden gesucht, versucht; werden gegangen.

Als Reinhold Messner im Frühjahr 1975 mit Riccardo Cassin und einer tüchtigen Mannschaft den Lhotse auf neuem Weg bezwingen wollte, rissen Lawinen die Zelte fort. Auch Messners Zelt war tief im Schnee vergraben. Damals hat er wie nie zuvor gesucht, dem Schnee seine Habe wieder zu entreißen. Zweimal grub er und fand zweimal das, was er nicht preiszugeben gedachte: Blätter mit Texten für sein Buch über die Bergvölker dieser Erde. Die Einsamkeit des Wartens auf gutes Wetter für den Weg durch eine Wand werden für ihn keine verlorenen Tage; in der Einsamkeit unter Achttausendern schreibt Reinhold Messner. Oder er liest. Oder er denkt nach.

Was den Alpinisten Reinhold Messner auszeichnet, ist sein hohes technisches Können am Berg, ist seine geistige Vorbereitung auf eine Unternehmung, ist sein profundes Wissen um jene, die vor ihm da waren.

Was dieses Buch erneut auszeichnet, ist die Distanz des Autors, eine Distanz, die einzig und allein nur entspringen kann aus seiner Nähe zum Gebirge, das ihm die Themen gibt, zu den Menschen, die dem Gebirge Leben und Geschichte gegeben haben.

Bruno Moravetz

Die Marksteine in der Geschichte der Expeditioner

Jahr	Gipfel	Grat/Flanke/Wand	Gebirge	Gipfelhöhe	Anmarsch	Höhenunterschied Wandhöhe	Schwierigkeit
1786	Montblanc	Nordflanke	Alpen	4807 m	kurz, leicht	ca. 2500 m	gering
1855	Abi Gamin	Höhenrekord	Himalaja	bis 6785 m	lang, leicht	bis 560 m unterm Gipfel	gering
1874	Elbrus	Normalweg	Kaukasus	5633 m	kurz, leicht	ca. 2500 m	gering
1895	Kilimandscharo	Normalweg	Ostafrika	6010 m	kurz, leicht	ca. 4000 m	—
1897	Nanga Parbat	Westflanke	Himalaja	bis 6100 m	schwierig	bis 200 m unterm Gipfel	III
1899	Aconcagua	Normalweg	Anden	6959 m	kurz, leicht	ca. 2700 m	—
1907	Trisul	Normalweg	Himalaja	7120 m	leicht	ca. 3000 m	—
1909	Chogolisa	Normalweg	Karakorum	bis 7500 m	lang, schwierig	ca. 2500 m	gering
1913	Mount McKinley	Nordostseite	Alaska	6187 m	lang	ca. 4000 m	—
1921	Mount Everest	Nordseite	Himalaja	1. sensationelle Expedition			—
1922	Mount Everest	Nordseite	Himalaja	bis 8326 m	lang	ca. 2800 m	leicht
1924	Mount Everest	Nordseite	Himalaja	bis ?	lang	? (verschollen)	schwierig
1939	K 2	Südwand	Karakorum	bis 8381 m	lang, schwierig	ca. 3300 m	IV
1950	Annapurna	Nordseite/Normalweg	Himalaja	8091 m	lang	ca. 2700 m	leicht
1953	Mount Everest	Südsattel/Normalweg	Himalaja	8848 m	leicht	ca. 3500 m	III/90°
1953	Nanga Parbat	Nordseite/Normalweg	Himalaja	8125 m	leicht	ca. 4000 m	IV—V
1954	K 2	Ostseite/Normalweg	Karakorum	8611 m	lang, schwierig	ca. 3500 m	IV
1954	Cho Oyu	Nordwestseite/Normalweg	Himalaja	8153 m	lang	ca. 2700 m	leicht
1954	Aconcagua	Südwand	Anden	6959 m	kurz	ca. 3000 m	VI/90°
1956	Mustagh Tower	Westnordwestgrat	Karakorum	7280 m	lang, schwierig	ca. 2500 m	V
1957	Broad Peak	Nordwestflanke	Karakorum	8047 m	lang, schwierig	ca. 3000 m	IV
1962	Nanga Parbat	Diamirseite	Himalaja	8125 m	leicht	(BL—G) 3500 m	III—IV
1963	Mount Everest	Westgrat	Himalaja	8848 m	leicht	(BL—G) 3500 m	III
1970	Annapurna	Südwand	Himalaja	8091 m	leicht	3000 m	IV, 90°
1970	Nanga Parbat	Südwand/Rupal-Flanke	Himalaja	8125 m	leicht	ca. 4500 m	IV, 90°
1971	Makalu	Westpfeiler	Himalaja	8481 m	lang	ca. 3500 m	V/VI
1975	Mount Everest	Südwestwand	Himalaja	8848 m	leicht	2000 m (BL—G) 3500 m	IV, 55°
1975	Hidden Peak	Nordwestwand	Karakorum	8068 m	lang, schwierig	2000 m (BL—G) 3000 m	IV—V, 60°
1978	Mount Everest	Südsattel/Normalweg	Himalaja	8848 m	leicht	ca. 3500 m	III/90°
1978	Nanga Parbat	direkte Diamirwand	Himalaja	8125 m	lang	ca. 4000 m	IV, 80°
1979	Kangchendzönga	Nordwestseite	Himalaja	8598 m	lang	ca. 3500 m	V, 60°

von der Erstbesteigung des Montblanc bis heute

Erstbegehung — Erstbesteigung	Expeditionsleiter	Hochlager	Fixseile	Sauerstoffgeräte	Hochträger	Teilnehmerzahl
8. 8. 1786 Dr. Michel Paccard Jacques Balmat	auf Anregung von H. B. de Saussure	keine/1 Biwak	—	—	—	2
Vers. 1855 Robert u. Adolf Schlagintweit	Schlagintweit	primitive	—	—	wenige	2
28. 7. 1874 F. C. Grove, P. Knubel, W. A. Moore, H. Walker, F. Gardiner	Peter Knubel als Führer	—	—	—	—	5
6. 10. 1899 H. Meyer, L. Purtscheller	—	primitive	—	—	wenige	2
Vers. 1895 A. F. Mummery u. ein Gurkha	A. F. Mummery	primitive	—	—	1	3—4
14. 1. 1897 Matthias Zurbriggen	E. A. Fitzgerald	1	—	—	—	7
12. 6. 1907 Longstaff, E. u. A. Brocherel, Kharbir	T. G. Longstaff	mehrere	—	—	einige	3
Vers. 1909 Luigi Amedeo, Herzog der Abruzzen	Herzog der Abruzzen	mehrere	—	—	ja	viele
7. 6. 1913 H. Stuck, H. Karstens, R. Tatun, W. Harper	Hudson Stuck	primitive	—	—	—	4
Vers. 1921 Erkundung	C. K. Howard-Bury	—	—	—	—	—
Vers. 1922 Finch u. Bruce	Ch. G. Bruce	5	—	ja	ja	10
Vers. 1924 Mallory, Irvine, Norton bis 8572 ohne O_2	Bruce/Norton	6	—	teilw.	ja	13
Vers. 1939 F. Wiessner, Pasang Dawa Lama	Fritz Wiessner	9	ja	—	ja	3 (10)
3. 6. 1950 L. Lachenal, M. Herzog	Maurice Herzog	5	teilweise	—	ca. 8	9
29. 5. 1953 E. Hillary, Tensing Norgay	John Hunt	9	teilweise	ja	ca. 34	14
3. 7. 1953 Hermann Buhl	Dr. K. M. Herrligkoffer	5	teilweise	—	ca. 20	10
31. 7. 1954 L. Lacedelli, A. Compagnoni	Ardito Desio	9	ca. 2000 m	ja	ca. 30	14
19. 10. 1954 H. Tichy, S. Jöchler, P. Dawa Lama	Herbert Tichy	4	teilweise	—	ca. 5	3
24. 2. 1954 L. Bérardini, Dagory, Devies, Lesueur, Paragot, Poulet	René Ferlet	2+6 Biwaks	ca. 1000 m	—	—	7
6. 7. 1956 J. Brown, J. McNaught-Davis	J. Hartog	4	ja	—	ja	5
9. 6. 1957 M. Schmuck, F. Wintersteller, H. Buhl, K. Diemberger	Marcus Schmuck	3	ca. 80 m	—	—	4
22. 6. 1962 T. Kinshofer, A. Mannhardt, S. Löw	Dr. K. M. Herrligkoffer	4	ca. 1000 m	—	ca. 15	9
22. 5. 1963 W. Unsoeld, T. Hornbein	Norman Dyhrenfurth	5	ca. 2000 m	ja	ca. 40	20
27. 5. 1970 D. Haston, D. Whillans	Chris Bonington	6	ca. 2000 m	—	ca. 4	11
27. 6. 1970 G. u. R. Messner	Dr. K. M. Herrligkoffer	5	ca. 1800 m	—	ca. 20	18
23. 5. 1971 B. Mellet u. Y. Seigneur	Robert Paragot	6	ca. 1500 m	ja	ca. 15	11
24. 9. 1975 D. Haston u. D. Scott	Chris Bonington	6	ca. 2000 m	ja	ca. 60	ca. 19
10. 8. 1975 R. Messner u. P. Habeler	R. Messner	keine/2 Biwaks	—	—	—	2
8. 5. 1978 R. Messner u. P. Habeler	W. Nairz	4	ca. 2000 m	nein	ca. 25	(2) 12
10. 8. 1978 R. Messner solo	R. Messner	keine/3 Biwaks	—	—	—	1
16. 5. 1979 Peter Boardman, Doug Scott,	Joe Tasker	4/1 Biwak	ca. 1500 m	nein	2	4

Die Geschichte

Die Geschichte des außeralpinen Bergsteigens ist in seinen Epochen eine Wiederholung der Geschichte des alpinen Bergsteigens. So wie der Alpinismus in den Anfängen von Eroberungsgedanken geprägt wurde, später die Schwierigkeitsphase durchlief und heute in die sportliche Periode bzw. in den Freizeitalpinismus übergeht, so läßt sich das Bergsteigen an den großen und höchsten Gebirgen der Welt in eine Eroberungsphase, Schwierigkeitsphase und sportliche Schwierigkeitsphase einteilen. Diese Epochen allerdings setzten an den Weltbergen um ein Jahrhundert später ein als in den Alpen, dauerten jeweils kürzer und überlappten sich öfter und in weiterem Maße als es im Alpenbergsteigen der Fall gewesen war. Heute sind wir mit der Entwicklung so weit, daß man nicht mehr zwischen der alpinen Geschichte im Yosemite, den Alpen oder im Himalaja sprechen kann, es darf im Grunde nur mehr von einer weltweiten Entwicklung des Bergsteigens gesprochen werden.
Mit der Eroberung des Matterhorns endete 1865 die Eroberungsphase des großen alpinen Bergsteigens, gleichzeitig begann damit diese Phase an den höchsten Bergen der Welt. Dieselben Männer, die wie Whymper ihren Fuß erstmals auf die kühnsten und höchsten Alpengipfel gesetzt hatten, zogen nun aus, um jene traumhaften Bergriesen zu erobern, von denen sie bisher nur gehört hatten. 1880 bezwang Whymper mit J. A. und L. Carrel den Chimborasso, 6310 m, in Ecuador. Zwar hatten schon vorher Reisende wie Marco Polo im 13. Jahrhundert, der Seefahrer Jan Carstensz und zahlreiche Missionare im 17. Jahrhundert von fremdländischen, eisbedeckten Gebirgen erzählt, aber noch keinerlei bergsteigerisches Interesse gezeigt. Zu Beginn des neunzehnten Jahrhunderts dann fing man an, die großen Flüsse bis zu ihren Ursprüngen zu erforschen und nach und nach auch die Gebirge in Asien, Alaska und Südamerika zu vermessen. Obwohl bei diesen Vermessungsarbeiten mehrere Fünf- und Sechstausender bestiegen worden sind, standen dabei bergsteigerische Interessen im Hintergrund — man wollte und mußte Vermessungspunkte schaffen.
Nach der Erforschung und Vermessung der großen Gebirge konnten nun die Gipfelbesteigungen beginnen. Die alpinen Erfolge aber waren lange Zeit recht kärglich. Hatte um das Jahr 1860 ein Beauftragter des topographischen Dienstes (Survey of India) den Sechstausender Shilla im Pandschab-Himalaja bestiegen, konnte der erste Siebentausender erst ein halbes Jahrhundert später erobert werden: 1907 bezwangen Tom Longstaff und ein Gurkha mit zwei Führern aus Courmayeur den Trisul, 7120 m hoch. Zwei Jahre später, 1909, stellten der Herzog der Abruzzen und drei Führer aus Courmayeur an der Chogolisa im Karakorum einen Höhenrekord auf. Sie erreichten eine Höhe von 7500 m, nicht aber den Gipfel. Bezeichnenderweise waren bereits vorher die höchsten Gipfel der Erde, die Achttausender, versucht worden. 1895 wagte Albert Frederick Mummery, der einer der besten Alpenbergsteiger gewesen war, einen ersten Versuch am Nanga Parbat. Er ging, nachdem ihm die ungeheure Rupal-Flanke zu steil erschienen war, westlich um den Nanga Parbat herum und versuchte sich an der lawinengefährlichen Diamirseite. Er ging mit seinen Alpenvorstellungen an diesen Berg heran und mußte deshalb scheitern. Obwohl Mummery der Ansicht gewesen war, den Berg mit ein bißchen Wetterglück nehmen zu können, fehlten ihm Wissen und Erfahrungen um diese Höhen und damit die psychische Voraussetzung, in die Todeszone vorstoßen zu können. Mummery ist bei dieser Expedition, beim Versuch eines Übergangs aus dem Diamir- ins Rakhiot-Tal, verschollen.

Lager 12 an der Chogolisa im Karakorum, 1909

1902 nahmen die Österreicher Eckenstein, Pfannl und der Schweizer Jacot-Guillarmod den K2 in Angriff. 1909 versuchte sich der Herzog der Abruzzen an diesem zweithöchsten Berg der Erde. Waren diese Expeditionen vor dem Ersten Weltkrieg meist nur von Abenteuerlust und Eroberungswillen diktiert worden, so begann bald nach dem Ersten Weltkrieg ein nationalgeprägtes Ringen um die höchsten Gipfel der Welt. Während man die ersten großen Expeditionen aus eigener Tasche oder mit Freunden finanziert hatte, fanden sich jetzt staatliche Geldquellen, und vielfach

G. L. Mallory

bangte eine ganze Nation um die Männer, die in der Einsamkeit gegen Höhenstürme, Kälte und die sauerstoffarme Luft der Achttausender kämpften. Die besten Alpinisten der jeweiligen Nationen taten sich zusammen oder wurden auserkoren, in die Anden oder in den Himalaja zu fahren. Dort hofften sie zu finden, was in den Alpen mehr und mehr geschwunden war — Neuland.

»Es geht dem Eisland entgegen. Ich halte wieder den Pickel in der Hand, ich höre das Zelt im Wind knattern, ich wittre Bergluft . . ., wir fahren übers Meer den weißen Bergen entgegen . . .! Der Bergvagabund ist den rechten Weg gegangen . . . den rauhen Weg, den Weg — der ein Ziel war . . .

Aus dem Traum der Jugend reift die Tat des Mannes. Eine Sehnsucht erfüllt sich: Weltweite, Weltberge . . . Die Aufgabe ist gestellt: Film, Kamera, Arbeit . . . die große Wand des Lebens wächst, sich aus grauen Nebeln lösend, auf . . . steil wie die übereinandergetürmten Mauern des Matterhorns und der Jorasses . . . rätselhaft und schimmernd wie die Eisberge der Arktis und wolkenhoch und gewaltig wie die Gipfel des Himalaja . . .« So zieht der Bergvagabund Hans Ertl, den die Alpen nicht mehr zu faszinieren scheinen, aus, um die Berge der Welt zu erobern. Mit großer Begeisterung und viel Optimismus versuchte man gleich, die höchsten Gipfel zu stürmen. 1921, 1922, 1924 versuchten englische Bergsteiger den Mount Everest. Dabei wurde öfters die Achttausendmetergrenze, sogar ohne Sauerstoffgerät, überschritten. Mallory und Irvine verschwanden Anfang Juni 1924 in der Gipfelzone des Everest. Mit diesen Versuchen erst schwand der allgemeine Optimismus um die Eroberung der Achttausender. Zweifel kamen auf, ob diese überhaupt möglich seien, ob die Sauerstoffgeräte nicht eine allzu große Belastung darstellten. Die Sauerstoffgeräte, 1922 erstmals an großen Bergen eingesetzt, nahmen auch in den vier folgenden Everest-Expeditionen einen weiten Diskussionsraum ein. Trotzdem schien es, daß die Höhengrenze von 8600 m nicht überschritten werden könne.

So wie die Engländer am Everest um einen Erfolg rangen, taten dies die Deutschen am Kangchendzönga — 1929 und 1931 — und dann am Nanga Parbat. Einem Versuch folgte der nächste, einer Tragödie die andere. 1934 waren einige der besten deutschen Bergsteiger, darunter Willo Welzenbach, im Schneesturm umgekommen. 1937 kam eine gesamte Bergsteigermannschaft unter eine Lawine. 1938 setzte Paul Bauer für seine Expedition sogar ein Flugzeug ein, das Ausrüstung und Verpflegung am Silberplateau abwerfen sollte. Alles vergebens. Trotz der vielen Toten und der ständigen Mißerfolge blieb die Eroberung des Nanga Parbat ein nationaldeutsches Anliegen.

»Wir werden auch manchmal gefragt, ob denn der fremde, ferne Berg den Einsatz so vieler wertvoller Menschenleben wert ist. Diese Frage ist schwerer zu beantworten, weil sie nur vom Kämpferischen her geklärt werden kann. Unsere toten Freunde, die am Nanga Parbat blieben, wußten, daß es wert ist, sein Leben einzusetzen für diesen Vorstoß ins scheinbar Unmögliche, denn sie wußten, daß nur der Geist allein, der ins Ungewisse vordringt, die Grenzen menschlichen Raums erweitern kann und nur so geistiges Neuland zu gewinnen vermag. Einmal aber — und daran glaube ich felsenfest — wird auf dem Gipfel des Nanga Parbat die Hakenkreuzfahne wehen, und dann werden alle Fragen gelöst und die großen Opfer der deutschen Bergsteiger verstanden sein.« Fritz Bechtolds Vorstellungen haben sich nicht erfüllt, da der Zweite Weltkrieg die politische Bühne völlig veränderte. Nach wie vor aber blieb der Nanga Parbat der »deutsche Schicksalsberg« so wie die Amerikaner und die Italiener den K 2, an dem Houston 1938 und der Deutschamerikaner Wiessner 1939 beacht-

Norton im Aufstieg am Mount Everest, in ca. 8200 m Höhe, 1924

liche Höhen erreicht hatten, für sich beanspruchten. So blieb bis nach dem Zweiten Weltkrieg die Nanda Devi, 7816 m, nach dem 1931 von einer britischen Expedition bestiegenen Kamet, der höchste von Menschen je erreichte Gipfel.
Mit den ersten Genehmigungen nach dem Zweiten Weltkrieg ins Himalaja-Gebirge reisen zu dürfen, entflammte von neuem ein nationales Prestigedenken. Waren die Franzosen bei der Eroberung der Weltberge bisher im Hintergrund gestanden — sie hatten nur am Hidden Peak im Karakorum einen Versuch unternommen —, so setzten sie nun, wo sie auch in den Alpen die führende Nation in Sachen Alpinismus geworden waren, alles daran, ihr Defizit bei der Eroberung der Achttausender wettzumachen. »In endlosen Besprechungen, wie das unter Kletterern so üblich ist, versicherte man mir, daß Lucien Devies, der große Neubeleber des französischen Alpinismus, darauf dränge, Frankreich in der Geschichte der Eroberungen der höchsten und schwierigsten Gebirge einen wichtigen Platz zu verschaffen. Bisher war Frankreichs Beitrag auf diesem Gebiet bescheiden gewesen: einer einzigen französischen Expedition — 1936 zum Hidden Peak — standen dreißig englische, fast ebenso viele deutsche, vier oder fünf italienische, ja selbst drei amerikanische gegenüber, wobei zu berücksichtigen ist, daß sich Amerika erst in jüngster Zeit dem Alpinismus zugewandt hat. Die Eroberung des ersten Gipfels über 8000 Meter sollte dies nun wettmachen und uns unserem wahren Wert entsprechend eingliedern.« So schildert Terray die Situation, bevor er 1950 unter Leitung von Maurice Herzog zum Dhaulagiri aufbrach. Dieser Expedition gelang nach Erkundung dieses Achttausenders die Annapurna, 8091 m hoch, damit die Bezwingung des ersten Achttausenders. Mit großer Schnelligkeit und einer beeindruckenden Entschlußkraft war den Franzosen, die mit geringer Auslandserfahrung in den Himalaja gekommen waren, gelungen, wovon viele Spitzenbergsteiger der Zwischenkriegszeit nur geträumt hatten: der Gipfelsieg an einem der 14 Achttausender.

Eric Shipton, der große Pionier der dreißiger Jahre

Sir Edmund Hillary

Unwillkürlich fragt sich der Historiker nach den Gründen des Erfolges. Einmal hatten die Franzosen die wirklich besten Bergsteiger aus ihrem Land für das Unternehmen Annapurna unter einen Hut gebracht, zum anderen hatten sie neuartige Ausrüstungsgegenstände wie Daunenjacken, leichte Zelte und Schlafsäcke entwickelt. Die expeditionserfahrenen Engländer waren bergsteigerisch nicht so geschult wie die jungen Franzosen, und die unter sich zerstrittenen Bergsteigergruppen in Deutschland hatten nie den Großmut aufgebracht, für einen gemeinsamen Erfolg alte Streitigkeiten zu begraben. Sicher, auch die französische Annapurna-Expedition hatte nicht in vollkommener Harmonie geendet, aber die Kampfeskraft der Mannschaft und die gemeinsamen Erfahrungen der maßgeblichen französischen Bergsteiger hatten für die Besteigung des ersten Achttausenders ausgereicht.
Nach mehreren weiteren Versuchen — jetzt an der nepalesischen Seite, die früher aus politischen Gründen unzugänglich gewesen war — gelang 1953 die Besteigung des Everest, des höchsten Berges der Welt. John Hunt, ein Oberst, führte sein englisches Team militärisch, und am 29. Mai 1953 betraten der Neuseeländer Edmund Hillary und der Sherpa-Sirdar Tensing Norgay den 8848 m hohen Gipfel des Chomolungma, wie die Einheimischen den höchsten Berg der Erde nennen. Wenige Wochen später, am 3. Juli des Jahres 1953, stand der Tiroler Hermann Buhl auf dem Gipfel des Nanga Parbat.
Buhl war allein vom Lager in 6900 m Meereshöhe aufgebrochen und hatte bei seinem einsamen Gipfelgang 7 Kilometer Entfernung und 1300 Höhenmeter zu

überwinden. Der in extremen Alpenwänden geschulte Bergsteiger brachte nicht nur den Willen mit, diese unvorstellbaren Entfernungen in der Todeszone Schritt für Schritt zurückzulegen, sondern auch das technische Können und die Konzentration, da oben schwierige Kletterstellen zu meistern und zudem die psychische Kraft, ein Biwak in 8000 m Meereshöhe zu überstehen und wieder abzusteigen. Buhl hatte für seinen Gipfelgang nicht die besseren Voraussetzungen vorgefunden, wie sie die Expeditionen der Vorkriegszeit gehabt hatten. Auch benützte er keine Sauerstoffgeräte. Er hatte seinen Vorgängern, die seinen Erfolg hinterher nicht ungern einem übermäßig großen Maß von Glück zuschrieben, Schnelligkeit, Entschlußkraft, Zähigkeit und vor allem instinktives Kletterkönnen voraus, die es ihm erlaubten, die bis dahin unbekannt gebliebene Kletterstrecke bis zum Gipfel allein zu meistern. Der Nanga Parbat war Buhls erste Expedition gewesen. Die Situationen aber, die er bei zahlreichen Alpentouren an der Grenze des damals Menschenmöglichen erlebt hatte, gaben ihm die Voraussetzungen, auch in der Todeszone allen Problemen gewachsen zu sein.

1954 belagerte und stürmte eine italienische Expedition, unter der Leitung von Ardito Desio, den K 2, der 1953 nochmals einem amerikanischen Versuch getrotzt hatte. Am 31. Juli standen Compagnoni und Lacedelli, einer der besten damaligen Dolomitenkletterer, auf dem Gipfel des zweithöchsten Berges der Erde, 8611 m hoch. Im Herbst des gleichen Jahres erreichte der Österreicher Dr. Herbert Tichy mit seinem Freund Sepp Jöchler und dem Sirdar Pasang Dawa Lama den Gipfel des Cho Oyu, 8153 m. Im Gegensatz zur italienischen K-2-Expedition, die mit vielen Tonnen von Material und unzähligen Trägern operierte, hatte Tichy erstmals eine Kleinexpedition zum Erfolg an einem Achttausender geführt. Natürlich ist der K 2 höher und weitaus schwieriger als der Cho Oyu, der — betrachtet man ihn jetzt nur von seinem Normalweg her — als der leichteste Achttausender gilt. Trotzdem ist die Tichy-Expedition wichtig für die Geschichte des Expeditionsbergsteigens. Sie weist in die Zukunft. Dr. Tichy, der sich selbst nicht als Expeditionsbergsteiger verstand, hatte in Sepp Jöchler einen erfahrenen Spitzenbergsteiger zur Seite und im Sherpa-Führer Pasang Dawa Lama einen einsatzbereiten Hochträger, der mehr als nur Hochträger war. Tichy brachte etwas Neues ins Expeditionswesen: das Sportlich-spielerische. Er ist der geistige Initiator des sportlichen Eroberungsalpinismus an den Achttausendern: hier eine Handvoll Freunde — dort der große Berg. Die Besteigung der Achttausender zeigte erstmals spielerischen Charakter, nachdem sie bisher vom reinen Eroberungsgedanken und von nationalem Prestigedenken getragen gewesen war.

Hermann Buhl im Lager I am Broad Peak, 1957

Der Cho Oyu von Westnordwesten, 8153 m

Nachdem jetzt die beiden höchsten Berge der Welt bestiegen waren, Buhl am Nanga Parbat den Gipfel sogar allein erreicht hatte und Dr. Tichy eine Mini-Expedition zum Erfolg geführt hatte, hätte eine rein bergsteigerische Weiterentwicklung des Expeditionsbergsteigens mehr und mehr sportliche Züge annehmen müssen. Die neun verbliebenen Achttausender hätte man mit immer weniger Material versuchen müssen und nicht — wie es geschehen ist — den Erfolg um jeden Preis suchen. Mit einer einzigen Ausnahme aber wurde das erfolgversprechende Rezept der ersten Achttausendersiege weiter angewandt. Wieder waren es nationale Expeditionen, die — wie 1955 die Franzosen am Makalu und wenig später die Engländer

Der 5-Achttausender-Mann Kurt Diemberger am Tirich West IV, 1967

am Kangchendzönga — ihre Fahnen auf den Gipfeln hißten. Eine ganze Nation identifizierte sich oft mit ihren Achttausenderbezwingern, und es ist verständlich, daß wieder Bergsteiger auszogen und wieder alles einzusetzen bereit waren — vom Sauerstoffgerät bis zum aufputschenden Medikament —, nur um einen neuen Erfolg zu bringen.
Es waren noch nicht alle Achttausender bestiegen, als 1957 Hermann Buhl, Marcus Schmuck, Fritz Wintersteller und Kurt Diemberger aufbrachen, um den Broad Peak im Karakorum erstmals zu besteigen. Sie wollten dabei nicht nur auf Sauerstoffgeräte, sondern auch auf Hochträger verzichten, und mit ihrem Gipfelerfolg haben sie sich dem Ideal genähert, das die Achttausender sportlich noch anziehender erscheinen ließ: die Achttausender als Maßstab für die Größe Mensch. Die österreichische Broad-Peak-Expedition hatte zwar noch drei Hochlager aufgebaut und da und dort Fixseile eingesetzt, alle vier Teilnehmer aber erreichten am gleichen Tag den Gipfel. Es war am 9. Juni 1957. Bezeichnend für den geistigen Stand der weiteren Achttausenderbesteigungen ist die Tatsache, daß dieses Beispiel nicht Schule gemacht hat und daß sogar heute noch — ich denke jetzt an die italienische Mammutexpedition unter Guido Monzino zum Everest 1973, bei der sogar Hubschrauber eingesetzt wurden (vergleiche dazu die Bauer-Expedition 1938 am Nanga Parbat), und an die deutsch-österreichische Kantsch-Expedition zum Yalung Kang 1975 — über der sportlichen Idee der Siegesgedanke um jeden Preis steht. Monzino hätte die Möglichkeit gehabt, mit seinem Riesenaufwand die damals noch unbezwungene Südwestwand am Everest zu versuchen, und der expeditionserfahrene Aebeli hätte mit seinem ärztlich vorbildlich betreuten Team eine von den drei Gipfelseilschaften einen Versuch ohne Sauerstoffgeräte ausführen lassen können. Beide diese Expeditionen hatten das Recht, mit ihrer Expeditionsgenehmigung zu machen, was sie wollten und wie sie es wollten. Ein weiterer Schritt aber im Expeditionsbergsteigen wäre nur bei größeren Schwierigkeiten bzw. reduziertem technischen Einsatz möglich gewesen. Nicht aber an einem Normalweg mit allen erdenklichen technischen Mitteln. Das Risiko, bei einem Versuch ohne Gipfel heimzukommen, wäre natürlich ungleich größer gewesen, und das sportliche Denken eines Albert Frederick Mummery, der bereits vor 80 Jahren »einen gescheiterten Versuch an einer unberührten Wand rühmlicher« fand als »die erfolgreiche Wiederholung einer bereits begangenen Route«, setzt ein spielerisches Denken voraus, das sich vereinzelt jetzt in Amerika und in den Alpen zeigt und das die ferne Zukunft des Expeditionsbergsteigens prägen wird.
Noch bevor alle Achttausender bestiegen waren, begann Anfang der sechziger Jahre der Schwierigkeitsalpinismus an den Achttausendern. In dieser Zeit waren alle wichtigen Gipfel in Südamerika, Alaska, Neuseeland und Neuguinea bereits bestiegen, und da und dort hatte man begonnen, neue schwierige Routen zu suchen. Was lag näher, als auch auf die bereits bestiegenen Achttausender, die aufgrund ihrer absolut größten Meereshöhe die Geschichte bestimmten, neue schwierige Wege zu suchen. Der Schwierigkeitsalpinismus, der in den Alpen um die Mitte des neunzehnten Jahrhunderts begonnen hatte, um die Jahrhundertwende sein goldenes Zeitalter erlebte und in der Zwischenkriegszeit seinen extremen Höhepunkt gefunden hatte, wurde nun auf die größten Höhen der Erde übertragen. Zuerst waren es leichtere Grate und Flanken, die angegangen wurden, dann sofort die größten und steilsten Wände. 1962 stiegen Toni Kinshofer — viel-

Dougal Haston, der Bezwinger von Annapurna- und Everest-Südwand

leicht der einzige deutsche Bergsteiger der Nachkriegszeit, der absolute Weltspitze war —, Siegi Löw und Anderl Mannhardt über die Diamir-Flanke bis zum Nanga-Parbat-Gipfel, und ein Jahr später führte Norman Dyhrenfurth die amerikanische Everest-Expedition zu einem grandiosen Doppelerfolg: eine Seilschaft stieg vom South Col aus zum Gipfel, eine zweite erreichte diesen erstmals über den Westgrat. Die beiden, Thomas Hornbein und Willi Unsoeld, stiegen dann über den Südgrat ab und führten so die erste Überschreitung des Everest und gleichzeitig die erste Achttausenderüberschreitung überhaupt durch.
Weitere Grate wurden versucht, dann und wann auch einer bis zum Gipfel erklettert, aber man widmete sich ihnen nicht mehr mit derselben Intensität, mit der die Achttausender in den fünfziger Jahren angegangen worden waren und mit der jetzt Spitzenbergsteiger aus aller Welt die Achttausenderwände angriffen.
Vielleicht war es auch die Tatsache, daß die Grate vielfach länger und gefährlicher sind als die Wände, mehr dem Wind und den Wetterstürzen ausgesetzt, die die Wände in den Mittelpunkt des bergsteigerischen Interesses rückte und die Grate — wenigstens vorläufig noch — zweitrangig erscheinen ließ.
1954 bereits hatte ein französisches Team die Südwand des Aconcagua durchstiegen, eine extrem schwierige 3000-Meter-Wand auf den höchsten Gipfel Amerikas. Seit Mitte der sechziger Jahre versuchten sich die besten deutschen Bergsteiger an der Südwand des Nanga Parbat, die als die höchste Fels- und Eiswand der Erde gilt, und in der Vormonsunzeit 1970 standen Dougal Haston und Don Whillans auf dem Gipfel der Annapurna, die sie über die 3000 m hohe, äußerst schwierige Südwand bezwungen hatten. Das war die erste große Wand an einem Achttausender, reiner Schwierigkeitsalpinismus in der gefürchteten Todeszone. Es sollte sich nun ein Rennen um die großen Achttausenderflanken anbahnen, gleich wie es das Alpenbergsteigen in den dreißiger Jahren erlebt hatte, als es an die letzten Probleme, um die großen Wände der Alpen, gegangen war. Wenige Wochen nach dem Erfolg der Anglo-Amerikaner an der Annapurna erreichte ich mit meinem Bruder Günter den Gipfel des Nanga Parbat. 40 Tage lang hatten wir in seiner Südwand, der Rupal-Flanke, geklettert, Fixseile angebracht, Lager aufgebaut und so, unterstützt von einer deutsch-österreichischen Mannschaft unter der Leitung von Dr. Herrligkoffer und einem Dutzend Hunza-Hochträgern, die Voraussetzungen für diesen Gipfelerfolg geschaffen.
Noch mehr Material, ja sogar Hubschrauber, setzten die Franzosen ein, die 1971 den Westpfeiler des Makalu bezwangen, einen riesenhaften Walkerpfeiler im Himalaja.

Doug Scott, zur Zeit erfolgreichster britischer Expeditionsbergsteiger

In den nächsten Jahren folgten zahlreiche kühne Versuche, darunter die erfolgreiche Durchsteigung der Manaslu-Südwand. Alles bergsteigerische Interesse war jetzt auf die Südwestwand des Everest gerichtet, die schwierigste Wand am höchsten Berg, die einen Höhepunkt im Schwierigkeitsalpinismus schlechthin bringen mußte. Jahr für Jahr gab es Versuche, die Gründe des Scheiterns waren mannigfaltig. In der Nachmonsunzeit 1975 endlich trafen alle Voraussetzungen für einen Gipfelerfolg zusammen: Ein fähiger Expeditionsleiter, Chris Bonington, der bereits die erfolgreiche Annapurna-Expedition geleitet hatte, eine technisch und konditionell starke Mannschaft, die sich in den winterlichen Westalpen bestens vorbereitet hatte, und beim stabilen Herbstwetter die richtige Taktik. Dougal Haston und Doug Scott erreichten als erste Seilschaft den Gipfel.
Wie damals nach der Erstbesteigung des Everest 1953 weitere Achttausender übriggeblieben waren, die man ohne Sauerstoffgeräte, ohne Nachschubapparat und vor allem auch ohne Aufputschmittel angehen hätte können, so bleiben jetzt nach der Durchsteigung der Everest-Südwestwand Achttausenderwände, die zum fairen sportlichen Bergsteigen herausfordern. Große technische Schwierigkeiten, geklettert in großer Meereshöhe von einer Seilschaft, die, auf sich allein gestellt, auf alle medizinischen Aufputschmittel und Sauerstoffhilfen verzichtend, in diese Arena der Einsamkeit vordringt — das sind die Ziele, die nach hundert Jahren Expeditionsgeschichte bergsteigerisch die letzte Herausforderung bleiben. In diesem Sinne haben Peter Habeler und ich im Sommer 1975 einen Augenblick vor der Durchsteigung der Everest-Südwestwand, die als letzte einen großen Einsatz von

Menschen und Materialien rechtfertigte, erstmals einen Achttausender zu zweit erklettern können. Mit 200 kg Gepäck, einem Zehntel etwa von dem, was die vorbildliche Broad-Peak-Expedition 1957 eingesetzt hatte, haben wir uns an eine schwierige Achttausenderwand herangewagt, die wir genauso besteigen konnten wie die Brüder Schmid 1931 die Matterhorn-Nordwand.

In den vergangenen fünf Jahren hat sich die Entwicklung des Expeditionsbergsteigens förmlich überschlagen:

Alle Achttausender sind inzwischen wenigstens einmal ohne Maske bestiegen worden; an den steilsten Pfeilern und Wänden einiger Siebentausender im Garhwal und Karakorum wurden Routen erschlossen, die alle Schwierigkeiten der großen Alpenrouten übertreffen; ich selbst konnte meinen lang gehegten Traum einer absoluten Alleinbesteigung eines Achttausenders verwirklichen. Nachdem man gelernt hat, auf die Sauerstoffgeräte zu verzichten, wird jetzt sogar an hohen Achttausendern auf Hochträger ganz verzichtet. Es ist weniger wichtig, ob zum Beispiel Sherpa als »gleichwertige Expeditionsmitglieder« dabei sind oder ob sie als »Hochträger« fungieren — wer kann mir schon den Unterschied erklären —, Fremdhilfe ja oder nein ist heute die Frage. Und daß ein einzelner fähig ist, allein, ohne wesentliche technische Hilfsmittel, ohne Fremdhilfe von der Basis bis zum Gipfel des Mount Everest zu klettern, ist in den Bereich des Möglichen gerückt. Wie in den Anfängen des Expeditionsbergsteigens sind es wieder die Briten, die neue Impulse geben.

Was heute, nach hundert Jahren Expeditionsbergsteigen, an Neuland geblieben ist, ist nur der Mensch,

Yannick Seigneur, zur Zeit erfolgreichster französischer Expeditionsbergsteiger.

der Mensch als Komponente im Spiel an den höchsten Bergen der Welt. Wenn es auch von vorneherein für die Menschheit unwichtig gewesen war, den Mount Everest zu besteigen oder die Rupal-Flanke zu durchklettern, so hatten ähnliche Probleme etwas Zwingendes, solange dies niemandem gelungen war. Jetzt aber, wo alle vierzehn Achttausender bestiegen sind und viele der großen Wände ihre Erstbegeher gefunden haben, ist es nicht mehr in erster Linie der Berg, der herausfordert, der Berg mit seiner Höhe, den Umweltbedingungen und den technischen Schwierigkeiten, sondern die Frage nach dem Verhalten des Menschen in dieser Höhe, bei diesen Schwierigkeiten, in dieser grenzenlosen Einsamkeit. Ist es früher vielfach um den Erfolg, um nationales Prestige und nicht zuletzt um wissenschaftliche Erkenntnisse gegangen, so geht es heute um unser persönliches Erleben.

Aussteigen

Die Welt beginnt unwohnlich zu werden. In seinem Hunger nach Wohlstand hat der Mensch des Industriezeitalters mehr und mehr von dieser Erde verschlungen. Zurück bleibt die Wüste: Industrieflächen, Wohnsilos, Asphaltstraßen. In dieser Welt des Komforts sind zwar fast alle materiellen Wünsche erfüllt, viele elementare seelische Bedürfnisse des Menschen aber bleiben unbefriedigt; schwere psychische Störungen zeichnen sich ab. Wenn wir das Geheimnis der Erde nicht mehr um uns haben — das Fließen des Wassers, die Wärme des Bodens, die durchsichtige Frische der Luft — wie sollen wir in dieser Welt überleben können? Wie sollen unsere elementaren menschlichen Fähigkeiten wachsen, wenn wir sie nicht gebrauchen? Es gibt zwar mehr freie Zeit als je zuvor, aber was können wir damit anfangen?

Aussteigen! So lange dorthin gehen, wohin ich möchte. Ich kann nicht umkehren, nicht mehr wie im 19. Jahrhundert leben. Mit Hilfe der Technik aber kann ich zeitweise aussteigen. Dort, wo die Flüsse noch nicht gezähmt sind, das Dickicht noch geheimnisvoll ist und die Weite ohne menschliche Spur, muß ich mich selbst fortbewegen, auf meine Partner eingehen, Lagerstellen suchen, mich durchschlagen — und — den Tod als Teil des Lebens akzeptieren. Für mich hat die Technik ihre Faszination längst schon verloren, ich bin auf der Suche nach menschlichen Proportionen. Mein Traum ist nicht der Mond oder der Computer — mein Traum ist ein Stück Land, das niemand kaufen kann, ein Stück Land, das ich liebe, weil ich zu ihm gehöre, in dem mein Geist weiterleben möchte, in dem ich so leben kann, wie ich es will.

Der Mensch und die höchsten Berge

Die Bewunderung der Bergwelt, die Freude an deren Formen und Figurationen sind nicht in unserer Zeit entstanden, sie sind bei fast allen Völkern vorhanden, und zwar seit Jahrtausenden schon. Obwohl diese Bewunderung — oft bis zur Furcht verdichtet — die Berge zu Trägern geheimnisvoller, ja sogar göttlicher Kräfte macht, sind ihre Flanken und Gipfel heute das Ziel zahlloser Menschen aus allen Industrienationen der Erde.
In der Beziehung des Menschen zu den Bergen ist das Phänomen, das wir heute Alpinismus nennen, die zeitlich letzte Phase. Das Auslandsbergsteigen wiederum mit dem sportlichen Charakter unserer Jahre ist die vorläufig letzte Phase des Alpinismus. Es drängt sich nun die Frage auf, warum der Mensch, der Hand In Hand mit der Technisierung die Alpen als »Spielraum« entdeckte, heute, im Zeitalter der Vereinsamung in der Masse, die größtmögliche Einsamkeit in fernen Berggebieten sucht.
Sicher, schon vor urdenklichen Zeiten wurden hohe Berge zur Vornahme ritueller Handlungen bestiegen, in Südamerika, in China, in Indien. Man sah in ihnen Helfer des Himmelsgottes, die den Menschen Schutz verliehen, Ruhe spendeten, ihnen Wasser und Holz zuführten. Später erst fürchteten die Menschen die Berge als Aufenthaltsorte böser Dämonen und verehrten sie als Sitz mächtiger Gottheiten. Die Berge waren nun Konzentrationsstätten, Pole der Ruhe und des Vertrauens, der Kraft und Ordnung, gleichzeitig aber auch Symbol alles Unerreichbaren. In vielen außereuropäischen Ländern sind sie es heute noch — für die Einheimischen und für die Pilger, die oft wochenweit gehen, um sie nur sehen zu können.
All das nun, was die Berge in der Vorstellungskraft der Naturmenschen zum Lieblingsaufenthalt von Dämonen und Gottheiten macht — Blitz, Donner, Sturm, ihre Wucht, das Unbekannte, die Formen, die Schluchten, tiefen Klüfte, unbekannten Gefahren —, durchtränkt mit dem Grauen und Reiz alles Geheimnisvollen, ist es auch, was sie uns faszinierend erscheinen läßt. Uns, die wir allen Glauben an Geister und Dämonen abgelegt haben und gewohnt sind, mit Maschinen umzugehen, rationell zu denken, unsere Zeit einzuteilen. Und so, wie die Naturmenschen in der Beobachtung der Größe und Höhe des Berges die menschliche Größe und Höhe des »Himmels« zu finden hoffen, suchen wir sie bei der Besteigung; in einer Umgebung, die seit Jahrtausenden die gleiche geblieben ist, deren wissenschaftliche Erforschung für die Menschheit belanglos bleibt.
Es wurde nicht immer so gedacht. Im Jahrhundert, das für die Erschließung der großen, fernen Berge grundlegend war, sind Bergsteigergruppen oft ausgezogen mit dem Auftrag, zu »siegen«, mit wissenschaftlichen Programmen und klaren Zielen bis hin zum nationalbetonten Wettlauf um die vierzehn Achttausender.
Es war dies der Kampf um die höchsten Gipfel in der »Arena der Einsamkeit«. Auch heute noch steckt ein wettkämpferisches Element im großen Bergsteigen, das, wie jedes menschliche Spiel und jeder Sport, den unmittelbaren Vergleichskampf von Mann zu Mann zur Basis hat. In diesem Falle aber spielt sich der Wettkampf wie eh und je in völliger Einsamkeit ab, ohne Zuschauer, ohne Presseleute, ohne unmittelbaren Kontakt zur Außenwelt; in einer Umgebung, die an Höhen und Gefahren alles übertrifft. In dieser mächtigsten Arena der Erde, oft mehrere hundert Kilometer von jeder menschlichen Behausung entfernt, liegt auch die Zukunft des großen Bergsteigens.
Heute, wo alle dreißig höchsten Berge der Erde bestiegen sind, viele der großen Wände erklettert, bleibt in der zweihundert Jahre alten profanen Auseinandersetzung Mensch—Berg nur der Mensch als Neuland, der Mensch in seinem Verhalten in dieser einsamen Arena aus Fels und Eis. Das Verhalten einer kleinen Gruppe von Menschen in einer Umwelt ohne andere, ohne zwingend notwendige Zeiteinteilung, ohne Maschinen, ohne Dein und Mein; eine Gruppe, die den ältesten Gewalten der Welt gegenüber zu überleben sucht, erkennt in dieser Einsamkeit alte Gesetze wieder, so zum Beispiel, daß jede Gruppe einen Führer braucht und daß jeweils dem Fähigsten diese Führung instinktiv übergeben wird und dieser sie übernimmt. Daß es gar nicht wichtig ist, schnell an ein Ziel zu gelangen, daß wochenlanges Warten, Dahinwandern ebensogroßer Gewinn sein kann wie erfolgreiches Zuschlagen. Daß wir glücklicher sind, wenn wir die Zeit nur noch nach Sonnenaufgang und Sonnenuntergang bemessen. Jede Expedition ist eine Schule, auf sich allein gestellt leben zu können, Einsamkeit ertragen zu lernen. Hier stelle ich nun die höchsten Berge der Welt vor, die jeweils höchsten Berge der Kontinente, erzähle ich von meinen Expeditionen, als wären sie eine einzige gewesen.

3

1 Träger im Basislager am Makalu

2 Askole im Karakorum

3 Frau mit Säugling in Dassu, Karakorum

4 Alte Tibeterin in Thame, Nepal

5 Thame unterm Trashi Labtsa, Nepal

„Wenn ich die Zivilisation hinter mir lasse, fühle ich mich sicher.“

Heinrich Harrer

4

1▼

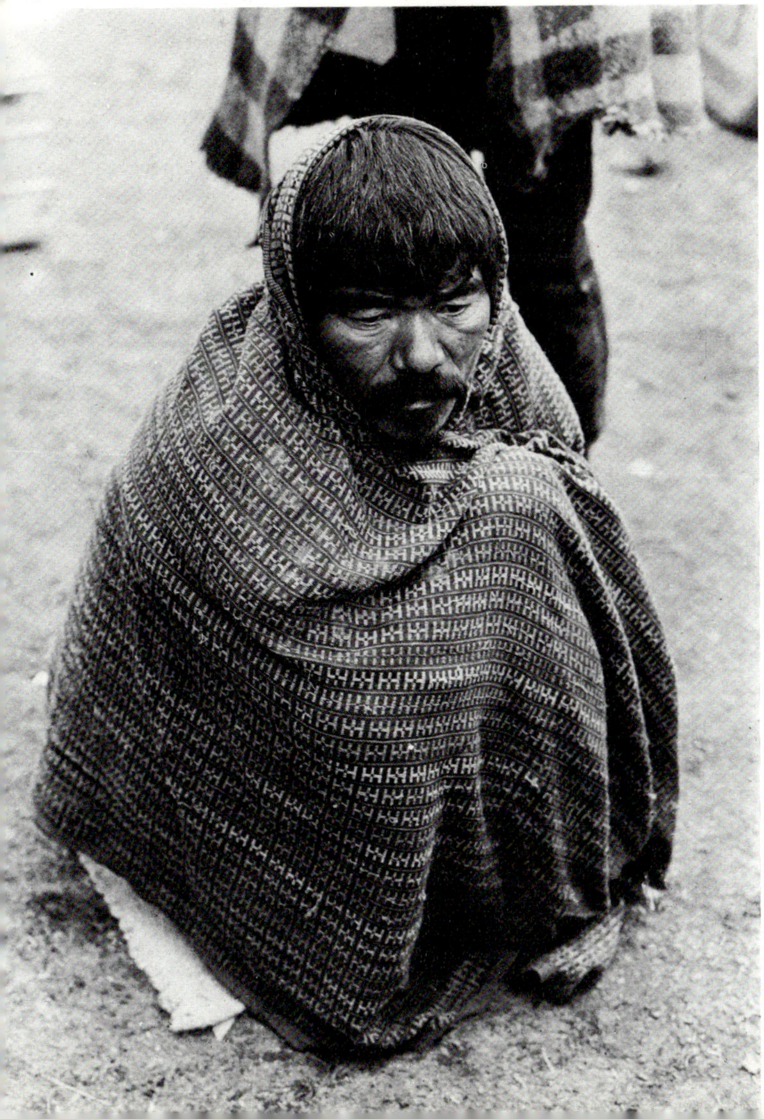

5▼

Aufstieg über den Baltoro-Gletscher mit Gasherbrum IV im Hintergrund

Allein liege ich in einem winzigen Zelt und höre, wie die Träger draußen ihr Nachtlager bauen: mit einer Plane aus Plastik, Steinen und einigen krummen Hölzern, die sie eigentlich zum Kochen mitgetragen hatten. Zehn Tage sind wir schon zu Fuß unterwegs, ein Dutzend Träger, ein Begleitoffizier und ich. Peter Habeler, mein Expeditionskamerad, ist vorausgegangen, um den Platz für ein Basislager zu finden. Es ist meine fünfzehnte Expedition, mühsam und ab und zu zum Verzweifeln. Heute abend habe ich nichts gegessen, weil es schneit und das Zelt zu eng ist, um drinnen zu kochen. Ich höre, wie sich die Träger draußen unter ihren Decken zusammenkauern. Dann ist es ganz still, und ich höre nur noch, wie der Schnee in regelmäßigen Abständen vom Zeltdach rutscht. Jetzt beginnt einer der Träger zu schnarchen. Ich höre lange zu, wie er schnarcht und andere flüstern, mit zittrigen Stimmen, weil es so eiskalt ist. Nun höre ich auf hinzuhören, wie die Träger schnarchen und sprechen oder sich zurechtrücken, wenn ihnen die Füße eingeschlafen sind.

Ich habe plötzlich etwas Neues, an das ich denken kann, und ich liege im Schlafsack und sehe all die Mädchen, die ich gekannt habe, und frage mich, was sie jetzt wohl machen werden. Es ist sehr interessant, sie alle vor mir zu sehen und darüber nachzudenken, und eine Zeitlang verdrängen sie die täglichen Schwierigkeiten mit den Trägern und dem endlosen Baltoro-Gletscher, auf dem ich gerade lagere. Bald aber komme ich mit meinen Gedanken doch wieder zum Lagerplatz und den Karakorum-Bergen zurück, und ich merke, daß ich mich deutlich an jeden Gipfel erinnern kann, auch an all die anderen, die ich in Südamerika, Afrika, Neuguinea und im Himalaja gesehen habe. Immer war irgend etwas Neues, Aufregendes an ihnen, während die Mädchen, wenn ich sie in meiner Erinnerung vorbeimarschieren lasse, verschwimmen. Ich kann mich an ihre Gesichter im einzelnen kaum noch erinnern.

Blick vom Abruzzi-Gletscher zum Concordia-Platz, Baltoro

Es ist immer noch regnerisch, bei einigen Felsblöcken machen wir am Abend halt. Es ist kalt, und die Dunkelheit bricht sehr früh an. Dann verglimmen die Feuer, und es ist gespenstisch, die Umrisse der Träger zu sehen, die dicht zusammengedrängt um die Kochstellen kauern. Von den Bäumen und Überhängen tropft es schwer, und der Schnee pudert die krummen Rücken unserer müden Begleiter, der Wind bläst in ihre Gesichter, plustert ihr Haar auf. Steif und schwer hocken sie da, duldend.

Es ist eine kalte Nacht, und der Wind kommt von den Bergen her.

Lagerstelle beim Anmarsch zur Makalu-Südwand im Barun-Tal, Nepal

Die Dörfer sind hinter uns, der tote Gletscher ist ohne Steig, und es ist schwierig, geschützte Lagerstellen zu finden. Wenn man täglich acht Stunden marschiert, schafft man mit guten Trägern sechzehn bis zwanzig Meilen am Tag, und nach zwei Wochen ist man am Ende der Welt.

unten: Aufstieg über den Thulagi-Gletscher zur Manaslu-Südwand, Nepal

rechts: Eistürme am Baltoro-Gletscher mit den granitenen Kathedralen

1

2

3

4

5

▼8

▲6

9▼

7

10

11

12

1 Weg zur Lhotse-Südwand
2 Rhododendronblüten in Solu Khumbu
3 Anmarsch zum Makalu
4 Gletscherfluß am Baltoro
5 Auf dem Weg zum Noshaq
6 Arriero in den Anden
7 Flora Im Carstensz-Gebirge
8 Kletterstelle am Braldo-Fluß, Karakorum
9/10 Auf dem Weg zum Makalu
11 Rhododendronblüten im Barun-Tal, Nepal
12 Überquerung des Thulagi-Sees am Manaslu
13 Gletscherfluß im Karakorum
14 Orchideen im Barun-Tal, Nepal
15 Aufstieg im Diamir-Tal am Nanga Parbat
16 Träger im Barun-Tal
17 Trägerkolonne am Abruzzi-Gletscher, Karakorum

13

16

14

15

17▼

1

2

3

4

5▼

6▼

1 Das Mackinder-Camp am Mount Kenya
2 Basislager unter der Aconcagua-Südwand
3 Im Basislager am Manaslu
4 Schlachtfest im Basislager am Makalu
5 Sona und Küchengehilfe in der Expeditionsküche am Makalu
6 Yeti, der Expeditionshund im Makalu-Basecamp
7 Basislager am Makalu
8 Teepause in der Expeditionsküche

7

▼8

Aufstieg am Sandsteingürtel in der Aconcagua-Südwand in ca. 5800 m

Was wären Vorsicht und Vernunft ohne den Mut zum Abenteuer, was wären die Schwierigkeiten ohne die ständige Gefahr des Absturzes, was wäre Vertrauen, wenn es nicht oft um Leben oder Tod ginge, was wäre die Seilschaft, wenn sie da oben nicht auf sich allein gestellt wäre.

Wenn jemand bereit ist, seinen Überfluß, seine Bequemlichkeit, seine Sicherheit gegen Abenteuer einzutauschen, so schließt das nicht mit ein, daß er das Leben selbst aufs Spiel setzt, auch wenn er weiß, daß er es dabei verlieren kann.

In der Makalu-Südwand

1 Lager 3 (6900 m) in der Makalu-Südwand

2 Ärztliche Betreuung im Lager 2 am Makalu

3 Lager 2 (6300 m) am Makalu

4 Aufbruch vom Pfeilerlager an der Manaslu-Südwand

5 Das Innere eines Hochlagerzeltes

1

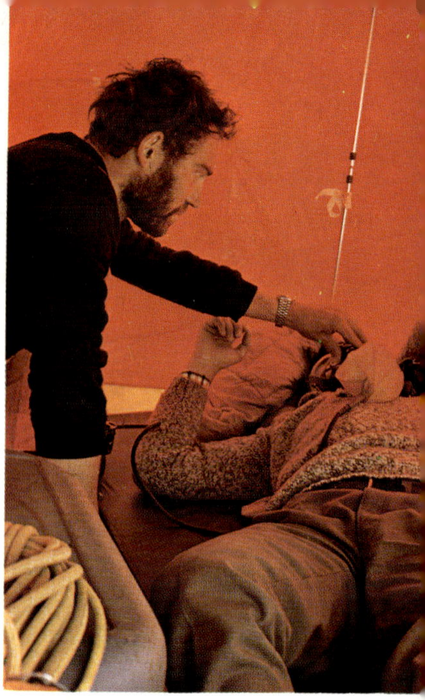

2

Fertig,
am Ende,
zusammen-
gebrochen,
nicht wieder
aufzurichten
zum Zwei-
beiner Mensch.

3

4

5

Der ständige Kontrast im Wogengang von Lust und Leid, Anstrengung und Rast, Verzweiflung und Hoffnung ist es wohl, der jene starken Gefühle auslöst, die die Freuden bei einer Expedition ausmachen.

Neuschnee im Lager 1 (5300 m) am Manaslu

Biwakzelte (ca. 6000 m) in der Aconcagua-Südwand, darüber der Südgipfel

Ich habe verschiedene Arten, mich in den Hochlagern zu beschäftigen, während draußen der Sturm rast. Ich lese in Büchern, von denen ich immer wenigstens eines in jedem Hochlager habe, schaue dann und wann nach dem Wetter und denke da auch an die hölzernen Pferdchen, die mir der Großvater vor langer Zeit geschnitzt hat und die ich verlegt habe. Den ganzen Dachboden suche ich in Gedanken sorgfältig nach diesen Spielpferdchen ab, schaue in jede Kiste, unter jeden Balken, durchforsche jeden Winkel, und manchmal finde ich ein Pferdchen, und manchmal sehe ich sie nicht. Mittags mache ich eine Pause, um Tee oder Suppe zu kochen, manchmal auch nur, um mich mit meinem Zeltnachbarn zu unterhalten.

Lager 2 am Manaslu (ca. 6000 m) mit Peak 29 (7835 m)

1

2

3

5▼

4

6▼

Aufstieg durch die Manaslu-Südwand (ca. 7300 m)

Kletterei an der Aconcagua-Südwand

Verschnaufpause am Aconcagua

Trägerarbeit an der Lhotse-Südwand

Kaminkletterei in der Manaslu-Südwand

Standplatz am Manaslu

Weiter,
mit schweren Füßen
und stechenden Lungen,
als sei jeder Schritt
schon der letzte.
Und was mich noch treibt,
ließe sich nicht
mehr ermitteln,
nicht durch Verstand
und nicht
durch dem Willen
angeschlossene
Enzephalogramme.
Jede falsche Hoffnung
am einsamen
Herzen zu messen,
abzulesen
der müden Grimasse
meines Gesichts.

Aufstieg in der Manaslu-Südwand

Weit weg, jenseits des Tales, sind mächtige Berge. Die Schatten einer Wolke bewegen sich über die Gletscherhänge, und ich sehe die Mulden, die scharfen Ränder, die gleichen Weiten, die mich selbst umgeben.

Aufstieg im Gasherbrum-Tal mit Gasherbrum IV (7925 m), Gasherbrum III (7952 m) und Gasherbrum II (8035 m)

unten: Baltoro Kangri (7260 m)

Es ist nicht möglich, aufrecht zu stehen, Zelt und Mulde sind gefüllt mit Preßschnee, und wo seit einigen Wochen die Sonne stand, droht jetzt ein schwarzer Himmel mit Vernichtung. Mir ist, als sei ich selbst hierhergeschleudert worden, als könnte ich im nächsten Augenblick weggerissen und ins andere Tal gespien werden.

Über mir und dem Berg hat sich eine Kluft geschlossen. Meine Ohnmacht quält mich nicht, sie zwingt, die Wand ist nicht die alte mehr. Die Herausforderung und das Spiel der gewesenen Wochen sind von mir abgefallen. Ich lasse alles liegen und ziehe mich in mich selbst zurück, um dem Tod zu entrinnen, dessen erste Schatten mich gestreift haben.

Wettersturz am Manaslu, im Hintergrund
ein unbestiegener Siebentausender

Sonnenuntergang im Karakorum (links Masherbrum, 7821 m; in der Bildmitte Gasherbrum VI, 7003 m)

In der Nacht vor dem Gipfelangriff ist man meist nur zu zweit im Zelt, und auch der andere ist wach. Oft höre ich seinem Wachsein stundenlang zu, auch wenn er nicht so still liegen kann wie ich. Wir liegen auf dünnen Schaumgummimatten und einigen Kleidungsstücken, die wir zwischen diese und den Schlafsack schieben. Wenn man sich bewegt, rascheln die Schlafsäcke, weil sie sich aneinander reiben, und der Atem geht schneller, weil jede Bewegung sehr

anstrengend ist. Dabei bröselt Rauhreif, der sich aus unserer Atemluft gebildet hat, von den Zeltwänden in unsere Gesichter. Kilometerweit hört man die nächtlichen Geräusche draußen: Sturmböen, ein Eisstück, das irgendwo abgebrochen ist und in die Tiefe donnert, eine Spalte, die sich krachend auftut, das Zischen des Windes am Grat; aber sie sind anders als die kleinen Geräusche in der Enge des Zeltes drinnen. Jeder versucht still zu liegen. Dann bewege ich mich leise, und der andere bewegt sich auch, damit ich weiß, daß auch er wach ist.

Am Gipfel des Noshaq (7492 m) im Hindukusch

„Ich habe nie daran gedacht, eine Fahne auf einen Gipfel mitzunehmen, weder in meinem Gepäck noch in meinem Herzen. Der Mensch erobert einen Berg nicht; den Gipfel, von dem er geträumt hat, betritt er nur kurz."

Gaston Rébuffat

Ausblick beim Aufstieg (7000 m) zum Pik Lenin zur nördlichen Akademie-Kette im Zentralpamir

1

2

3

1 Am Gipfel des Mount Everest 1978
2 Am Gipfel des Hidden Peak (8068 m) im Karakorum
3 Der Hidden Peak im letzten Abendlicht
4 Aconcagua-Gipfel (6959 m), Anden
5 Am Gipfel des Yerupaja Grande (6634 m), Cordillera Huayhuash
6 Am Kilimandscharo (5895 m) in Ostafrika

4

5

6

Wie der Wind den Schnee über diese blaue Wüste treibt! Wie Wolken flattert er am Grat: weißgrün und schwarz.

Nach der Nacht im Schneesturm sind die vielen dunklen Rillen wie ein kunstvolles Ornament. Kein Gedanke an Gott, ich stapfe über die wogende Fläche und höre dem Wind zu, der hinter mir die Spur verwischt. Wenn ich lange genug in der Wildnis lebe, brauche ich keinen anderen Gott mehr.

Schneesturm in 7400 m Meereshöhe am Manaslu-Plateau

1

4

5▼

2

3

1 Rückzug aus der Makalu-Südwand, ca. 7400 m

2 Das erste Grün im oberen Horcones-Tal, Anden, Argentinien

3 Im wüstenhaften Bunar-Tal am Nanga Parbat, Pakistan

4 Rückkehr vom Aconcagua

5 Monsuneinbruch im Barun-Tal, Nepal

Ein Schwarm von Vögeln fliegt auf und davon. Allein wandere ich talwärts, zwischen dem ersten Grün, den ersten Blumen, die ersten Monsunwolken segeln über den Tälern. Wir werden nicht müde, die Wolken und ich.

Auf dem Gipfel des Mount Saint Elias (5489 m), Alaska, 1897

Expeditionen – gestern

»Dieses Ringen um die höchsten Gipfel der Welt ist zu einer Menschheitssache geworden, zu einer Aufgabe, der sich der alpenländische Mensch nicht entziehen k a n n, trotz aller Opfer, die dieser Kampf kostet. Denn eine große Himalaja-Expedition, die auch bergsteigerisch erstklassige Ziele verfolgt, ist keine Vergnügungsreise, kein bloßes Abenteuer, kein gewöhnlicher Sport. Um die Gipfel der Welt starben schon viele tapfere Männer vieler Nationen. Nur eine sehr oberflächliche oder zum mindesten sehr einseitige Betrachtungsweise versucht gelegentlich noch, als bloße Sensationslust und Rekordsucht abzutun, was in Wahrheit innere Notwendigkeit ist.«

Günter Oskar Dyhrenfurth
in »Himalaja-Fahrt«

Die höchsten Berge der Erde – was man 1930 wußte

»Die Kenntnis, das Wissen um diese mächtigen Bergwelten beschränkt sich im allgemeinen auf die Tatsache, daß die asiatischen Gebirge weniger erforscht und erschlossen sind als die Alpen und daß der Mount Everest, der höchste Berg der Erde, noch unbestiegen ist.«

Es galt damals noch nicht als bewiesen, daß der Mount Everest wirklich der höchste Berg der Erde ist, und man vermutete weit im Osten des Himalaja noch höhere Berge.

»Völlig unklar ist man sich aber, welchen Himalaja-Gipfel man als den zweithöchsten Berg der Erde anzusprechen hat. Um diesen Rang bewerben sich der jetzt vielgenannte Kangchendzönga und der K 2 oder Tschogo-Ri oder Dapsang oder Godwin Austen. Beide Berge hat man wiederholt und genau trigonometrisch vermessen und dabei für den Kangchendzönga 8580, für den K 2 8619 m errechnet. Warum ist man sich dann nicht klar, welcher der höhere ist?

Man hat feststellen müssen, daß die Vermessungen trotz aller Genauigkeit unzweifelhaft falsch sind. Vor allem wechselt, was ohne weiteres einleuchtet, die Höhe der Schneeauflage. Der Unterschied kann ruhig zwanzig Meter betragen.«

So sieht Fritz Schroedter den Streit um die verschiedenen Höhen der großen Berge. In diesem letzten Punkt mag er sich wohl geirrt haben. Die Schneeauflage ändert sich bei felsigen Gipfeln nur wenig, bei Schneekuppen maximal um einige Meter. Die englische Nachmonsunexpedition, die 1975 über die Südwestwand den Everest-Gipfel erreichte, fand dort einen Metallmast und Sauerstoffflaschen der Chinesen, die diesen Gipfel vier Monate vorher bestiegen hatten. In dieser Zeit, der Monsunzeit in Nepal, schneit es fast ununterbrochen an der Südabdachung des Himalaja.

Obwohl man seit einem Jahrhundert bereits Vermessungen durchgeführt hatte, die meisten Berggebiete aus Reiseberichten bekannt waren, fehlten noch die technischen Instrumente, um genaue Höhen festzustellen.

»Man muß damit rechnen, daß durch die über den Gletscherbecken ungleichmäßig verdünnte Luft ganz gewaltige Brechungen der Lichtstrahlen verursacht werden, die bei den großen Entfernungen und Höhen im Himalaja schon eine ganz bedeutende Rolle spielen.«

Man begann gerade in diesen Jahren, Alpenvereinsexpeditionen in die Anden, ins Pamir-Gebirge, in den Himalaja und das Karakorum-Gebirge zu entsenden, die neben alpinen Zielen, die sie verfolgten, genaue Karten aufnehmen sollten. Schneider und Finsterwalder haben sich große Verdienste um die Vermessungsarbeit im Himalaja erworben, nicht weniger Professor Oskar G. Dyhrenfurth, der alle wichtigen Himalaja- und Karakorum-Riesen skizzenhaft erfaßte, und Professor Diemberger, der das gleiche für das Hindukusch-Gebirge heute noch tut. Für uns Bergsteiger reichen heute Kammverlaufskizzen und Gipfelhöhen als Expeditionsgrundlage völlig aus. 1930 aber fehlten vielfach auch diese Skizzen noch. Ich zitiere Schroedter:

»Völlig im dunkeln tappt man auch über die Höhe der meisten übrigen Achttausender, ja sogar über ihre

Lager am Fuße des K2, 1909

Anzahl! Man kennt rund ein Dutzend, von denen die bekanntesten neben den drei schon erwähnten der Nanga Parbat mit rund 8120 m, der Dhaulagiri mit rund 8180 m und der Makalu mit 8470 m sind.
Rund vierzig Gipfel in Zentralasien erheben sich über 7500 m und reichen zum Teil gefährlich an die Achttausendergrenze heran. Und nun höre man: Keiner der vierzig bis fünfzig Berge über 7500 m, geschweige denn über 8000 m, wurde noch erstiegen! Wie wenig wurde trotz enormer Opfer, trotz beispiellos kühner Taten bis heute in diesen Gebirgen erreicht! Man höre weiter: Auch von den mindestens hundert Bergen über 7000 m (würde man wie in den Alpen die Gipfel zählen, käme wahrscheinlich ein halbes Tausend solcher Berge heraus) wurden erst acht betreten.
Es ist dabei interessant, daß der erste dieser Berge schon 1865 fiel. W. L. Johnson, der der indischen Landesvermessung angehörte, bestieg in diesem Jahr in der Kuenlun-Gruppe drei Gipfel, von denen einer, kurz E 61 benannt, trigonometrisch mit 7310 Metern bestimmt wurde. Obgleich Johnson ein ebenso unantastbar ehrenhafter wie tüchtiger Mann war, wurde die Besteigung viel angezweifelt, und man nahm — um Johnson nicht gerade einen Lügner zu heißen — an, der vermessene und bestiegene Berg wären nicht identisch. Ein solcher Irrtum scheint aber bei Johnson, der als Vermesser und Bergsteiger gleich erfahren und tüchtig war, ausgeschlossen zu sein.
Ähnlich ging es dem famosen englischen Bergsteiger Dr. Graham, der 1883 mit den Schweizer Führern Emil Boß und Ulrich Kaufmann dem 7320 Meter hohen Kabru-Gipfel in der Kangchendzönga-Gruppe bis auf 30 Meter (!) nahekam; auch seine Angabe wurde nicht geglaubt und mit einer Verwechslung der Gipfel entschuldigt. Erst als 1907 zwei junge Norweger, C. W. Rubenson und Monrad Aas, die Ersteigung wiederholten, wurde die Ehre Grahams gerettet.
Der nächste Gipfel über 7000 Meter, der von eines Menschen Fuß betreten wurde, liegt nicht in den Eisgebirgen Zentralasiens; es ist der Aconcagua, der höchste Gipfel des amerikanischen Kontinents.
Ehemals wurde der Aconcagua, der bekanntlich in den südlichen Anden thront, als der höchste Gipfel der Erde angesprochen. Schon zu Beginn der Bergsteigerei wurde er viel umworben. Unter anderen versuchte kein Geringerer als Güßfeldt schon 1883 den Anstieg; erst 1897 konnte der Monte-Rosa-Führer Matthias Zurbriggen den Sieg feiern. Im Alleingang war ihm die große Tat gelungen.
1907 konnte der große Himalaja-Erschließer Longstaff einen bedeutenden Gipfel melden; der 7130 Meter hohe Trisul war von ihm erstiegen worden.
Als der bedeutendste Himalaja-Mann ist unzweifelhaft Dr. Kellas anzusprechen, der auch der Anreger der englischen Everest-Expeditionen ist. Als Teilnehmer der ersten dieser Expeditionen (1921) wurde er von einem Herzschlag hinweggerafft, inmitten der Berge, denen er sein Leben gewidmet hatte. Dr. Kellas hatte einige Himalaja-Gipfel, sogar als Alleingeher, bezwungen, darunter 1911 den 7070 Meter hohen Pawhunri, ferner den Kantschendschau und den Tschomi-umo.
Nun trat eine lange Pause ein, der Weltkrieg unterband alle Gedanken an Siebentausender Asiens, und das erste Nachkriegsjahrzehnt stand im Zeichen der erwähnten englischen Angriffe auf den Mount Everest.

Am Gipfel des Ruwenzori, 1906

Erst 1928 wurde der nächste bezwungene Gipfel über 7000 Meter gemeldet: der Pik Lenin (oder Pik Kaufmann), 7137 Meter hoch, im Transalai gelegen. Zum erstenmal sind es deutsche Bergsteiger, die einen solchen Erfolg erringen: den Teilnehmern der vom Alpenverein finanzierten Bergsteigergruppe der deutsch-russischen Pamir-Expedition Eugen Allwein, Erwin Schneider und Karl Wien war der große Wurf gelungen.«
Weitere deutsche Erfolge folgten:
»Es sind dies der vielgenannte Jongsong-Peak (7459 m hoch), den am 6. Juni 1930 Erwin Schneider und Hermann Hoerlin als erste Partie und am 9. Juni 1930 Ulrich Wieland, Prof. O. S. Dyhrenfurth, Smythe und Marcel Kurz (mit einigen Trägern) als zweite Partie betraten, und der Nepal-Peak (7150 m), den Erwin Schneider im Alleingang bezwang. Es fällt dabei die interessante Tatsache auf, daß nicht weniger als drei der acht bestiegenen Gipfel über 7000 Meter im Alleingang bezwungen wurden (Aconcagua, Pawhunri und Nepal-Peak) und daß an der Besteigung von drei Siebentausendern Erwin Schneider beteiligt war (Pik Lenin, Jongsong-Peak und Nepal-Peak).«

Großunternehmungen – Versuche

Seit Peary 1909 den Nordpol erreicht hatte und Amundsen 1911 den Südpol, blieb die Eroberung der Achttausendergipfel das große Ziel der damaligen Abenteurer. Es traten nun in erster Linie Bergsteiger und Forscher auf den Plan, die eine Gruppe von Gleichgesinnten um sich scharten, monatelang Geld sammelten und dann aufbrachen, zum Everest, zum Kangchendzönga, zum Nanga Parbat und K 2.

Bei der Erkundungsfahrt 1921 am Everest waren die Geldmittel durch Sammlungen der Geographischen Gesellschaft, des Alpine Club sowie durch einige Stiftungen zusammengekommen. Als Leiter der Expedition wurde Oberst C. K. Howard Bury gewählt, der bei ausgedehnten Jagdfahrten im Himalaja die Völker Asiens und deren Eigenarten kennengelernt hatte und gut mit den Einheimischen umzugehen verstand. Obwohl die Anmarschwege damals noch länger waren als heute, ernstliche Schwierigkeiten bedeuteten sie kaum, da die Expeditionen im Lande intensiv unterstützt wurden. Der Geleitbrief, den Burys Erkundungsfahrt zum Everest vom Dalai-Lama in Lhasa erhalten hatte, garantierte jede Unterstützung auf dem langen Marsch über Sikkim und das tibetische Hochland.

»An die Djongpens und Hauptleute von Phardjong, Ting-ke, Khamba und Kharta.

Lasset es Euch gesagt sein, daß eine Gesellschaft von Sahibs kommt, die den Tschomolungma-Berg sehen wollen. Diese Herren werden zu allen Tibetanern sehr freundlich sein. Auf Ersuchen des Hohen Ministers Bell wird hiermit ein Geleitbrief erlassen, der Euch und alle anderen Beamten und Untertanen der Regierung von Tibet auffordert, Beförderungsgelegenheit zu schaffen, seien es Reitpferde, Lasttiere oder Träger, je nachdem, was die Sahibs gerade brauchen. Die Bezahlung soll durch gütliches Übereinkommen geordnet werden. Sonstige Hilfe, welche die Sahibs verlangen, bei Tag oder bei Nacht, unterwegs oder am Ruheplatze, muß ihnen treulich gewährt werden, und allen ihren Erfordernissen in bezug auf Beförderung oder was es sonst sei, ist ungesäumt Aufmerksamkeit zu schenken. Alle Leute in den Gegenden, welche die Sahibs besuchen, sollen nach bestem Können hilfreich zur Hand sein, damit zwischen der Britischen und der Tibetischen Regierung fernerhin freundschaftliche Beziehungen bestehen bleiben.

Erlassen im Jahre des eisernen Vogels.

Siegel des Ersten Ministers.«

Mit diesem Schreiben gelangten die Engländer bis in ihr Standlager im Rongbuk-Tal. Es galt jetzt, einen Weg, eine mögliche Aufstiegsroute zum Everest zu finden. »Die Nordwestkante erscheint mir unersteigbar. Da kommt keiner hoch, sie ist zu steil. Derartige bergsteigerische Schwierigkeiten kann man vielleicht in den Alpen überwinden, aber nicht hier.« »Die Nordostkante dagegen scheint keine allzu großen Hindernisse zu bieten, da können wir schon rauf.« »Aber wie kommen wir erst einmal an die Nordostkante?«

Diese Diskussion zeigt deutlich, mit welchen Fragen sich diese erste Everest-Expedition beschäftigte. Daß sehr viel bergsteigerische Erfahrung notwendig gewesen wäre, um vom Tal aus bereits eine sichere und mögliche Anstiegsroute erkennen zu können und weniger eine generalstabsmäßige Führung am Berg, konnten die Pioniere damals noch nicht übersehen. Sowohl General Bruce als auch sein Adjutant Oberst Norton, die die Expedition 1924 zum Everest leiteten, operierten vielfach militärisch, ähnlich wie Paul Bauer, der 1929 zum Kangchendzönga aufbrach. »Es ist mir klar geworden, daß wir in den Himalaja müssen«, schrieb der Notar Bauer, der 1928 Auslandserfahrung im Kaukasus gesammelt hatte, an seine Freunde. Als Bauer mit seiner Mannschaft am Nordostsporn gescheitert war, sah Professor Dr. Günter Oskar Dyhrenfurth die Möglichkeit, endlich seinen großen Traum zu verwirklichen. »Mein ganzes Leben als Wissenschaftler, Bergsteiger, Schriftsteller, Redner und Lichtbildner war dem Hochgebirge gewidmet. Alles, alles war nur Vorbereitung für das eine Ziel, für Himatschal, den mächtigsten Bergwall der Erde, mit der vielzackigen Gipfelkrone, die weithin leuchtet über die glutheiße Ebene Bengalens.« All diesen Leitern, die im Grunde Wissenschaftler oder Militaristen waren, fehlten die bergsteigerischen Voraussetzungen für einen Erfolg an einem Achttausender. Welzenbach, der 1934 unter der Leitung seines Bergfreundes Merkl zum Nanga Parbat aufbrach, hatte die nötigen Erfahrungen in Fels und Eis, auch wenn ihm jede Höhenerfahrung gefehlt hatte. Diese Expedition kam dem Gipfel sehr nahe und hätte ihn erreichen können, wenn nicht das Gros der Mannschaft gleichzeitig nach ihm gegriffen hätte. Hätten diese Männer auf den Rat ihres Expeditionsarztes Bernard gehört — »Bitte versprecht mir, daß Ihr beim Aufstieg nie weitergeht, als Ihr bestimmt auch wieder zurückgehen könnt. Gerade in dieser Höhe verliert

Aufstieg des
Herzogs der Abruzzen
in den Eisbrüchen
der Chogolisa
im Karakorum, 1909

man leicht den Maßstab für die eigenen Kräfte« —, so wäre die Katastrophe zu vermeiden gewesen. Die damaligen Expeditionen wurden weniger durch derartige bergsteigerische Grundregeln geprägt als vielmehr vom pathetischen Ethos der nachviktorianisch-nachwilhelminischen Ära. Die rührende Romantik des späten achtzehnten Jahrhunderts hatte sich durch Prüderie und Untertanentum in pseudoromantisches Heldentum verwandelt:
»Rein gleißen und glänzen seit Tagen wieder die Zinnen des Nanga Parbat, dumpf rollen wie immer die Stein- und Eislawinen von seinen Flanken. Du hast uns diesmal geschlagen, aber gebrochen hast du uns nicht! Wir sind bereit, wiederzukehren, und wir zweifeln nicht, daß der Geist unserer Toten wieder Deutsche hierher und dann zum Siege führen wird«, sagte Finsterwalder 1934 am Grabe Drexels. Und Bechtold schrieb: »Als wir hier noch einmal zum Nanga, zum leuchtenden Gipfelgrat hinaufschauen, löst sich in unseren Herzen alles Hadern mit dem Schicksal und wir erkennen: Schön muß es sein, mit dem Siegespreis dieses gewaltigen Berges nach Hause zu kehren, größer noch ist es, sein Leben hinzugeben um solch ein Ziel, den jungen Herzen kommender Kämpfer Weg und Flamme zu werden.«
Der zähe Wahlamerikaner Fritz Wiessner, der 1939 auf derselben Route, an der sein Landsmann Charles Houston 1938 gescheitert war, den K 2 angriff, war weniger von diesen Strömungen getragen. Er blieb aber am Schluß des Unternehmens mit dem Hochträger Pasang Lama allein und so dem Berg gegenüber zu schwach. Auch er war, wie alle großen Expeditionen zwischen den beiden Weltkriegen, gescheitert, gescheitert trotz Heldenmut und Eroberungsdenken. Es berührt mich sehr, wenn ich in der Fülle der Literatur aus dieser Expeditionsepoche die aufrichtigen Worte Nortons zum Scheitern an der Gipfelpyramide des Everest 1924 lese: »Soll ich hier berichten, daß ich ob dieser Umkehr vor dem Ziele große Bitterkeit empfand? Ich bekenne, daß mein Inneres nicht stürmisch erregt war. Zweimal habe ich an einem günstigen Tage umkehren müssen; keinmal krampfte sich meine Seele zusammen. In der Höhe verlaufen die geistigen Erregungen sehr sanft. Sobald man den Fuß talwärts richtet, überwiegt das Gefühl der Erleichterung nach der gewaltigen Anspannung, die jeder Schritt aufwärts erfordert.«

Der K2, 8611 m, und der Broad Peak, 8047 m, mit dem Godwin-Austen-Gletscher

Taktik

»Nach den bisherigen Erfahrungen kann man zwei Techniken des Himalaja-Bergsteigens unterscheiden. Die Belagerungstechnik wurde beim Nanga Parbat, beim Kantsch und beim Mount Everest angewandt. Die Expedition ist auf eine breite Basis gestellt, acht bis zehn Europäer und vielleicht dreißig Kulis treten den eigentlichen Angriff an. Sie schieben die Lager langsam höher, versehen sie mit Proviant und Brennmaterial, die Teilnehmer gewöhnen sich langsam an die Höhe, bis schließlich eine Partie bei guten Verhältnissen vom höchsten Lager zum Gipfel vorstößt. Die Vorteile dieser Technik sind klar, man kann mit dem Angriff auf den Gipfel immerhin einige Zeit zuwarten, die größere Anzahl von Europäern erlaubt es, im entsprechenden Augenblick jene Leute vorzuschicken, die sich in bester körperlicher Form befinden. Die Nachteile sind ebenso klar: diese Technik ist mit enormen Kosten verbunden. Auch ist eine derartige Expedition sehr schwer beweglich, und oft schon hat der früh hereinbrechende Monsun all die langwierigen Vorbereitungen unter seinem tiefen Neuschnee begraben.

Die zweite Art wird von den Engländern die Rush-Technik genannt. ‚Rush' läßt sich am besten mit ‚Überrumpeln', ‚Überlaufen' verdeutschen. Man verpflanzt hierbei alpine Technik in den Himalaja, mit einem Minimum an Trägern und Ausrüstung versucht man, den Berg in möglichst kurzer Zeit zu ‚überlaufen'. Man hat keine Zeit und keinen Proviant, sich sorgfältig zu akklimatisieren, man muß den Gipfel in wenigen Tagen erreichen oder wieder ins Tal zurückkehren. Der bekannteste Vertreter dieser Technik ist der Engländer Dr. Longstaff, der auf diese Art den Trisul erstieg und am Gurla Mandata nur knapp unterlag. Ihr extremster Vertreter ist der Mount-Everest-Mann Eric Shipton. Sicherlich hat diese Technik die Zukunft für sich. Auf den allerhöchsten Weltbergen läßt sich der ‚Rush' allerdings nicht durchführen, aber eine Kombination beider Techniken dürfte die ideale Lösung bringen.«

Herbert Tichy

Symbole des Unmöglichen

Bis vor wenigen Jahren hat es sie noch gegeben — die »Symbole des Unmöglichen«. Vor hundert Jahren gehörte der südliche der drei Vajolettürme dazu, vor achtzig Jahren die Guglia di Brenta, vor dreißig Jahren waren es der Cerro Torre in Patagonien und der Mustagh Tower im Karakorum. Inzwischen sind sie alle verschwunden, die Gipfel bestiegen. Wenn auch der Trango-Turm öfters vergeblich versucht worden ist, er ist im Sommer 1976 bestiegen worden. Es gibt heute keinen unmöglichen Berg mehr, wenn auch das Unmögliche schlechthin für alle sportlichen Bergsteiger geblieben ist und einen Teil jener Faszination ausmacht, die Jahr für Jahr Hunderte in die Weltberge lockt.

Allein bezwang im Jahre 1887 der siebzehnjährige Georg Winkler den kühnen Turm in der Rosengartengruppe, der heute seinen Namen trägt. Mit der Erstbegehung der Guglia di Brenta setzten Otto Ampferer und Carl Berger 1899 den Schlußstrich unter den Eroberungsalpinismus in den Alpen. Näherungsweise die gleiche Bedeutung für den Andinismus, wie die Südamerikaner ihr Bergsteigen gerne nennen, hat die Erstbesteigung des Cerro Torre für die Bergwelt Amerikas. Gut zwei Jahre zuvor war den Engländern Joe Brown und Jan McNaught-Davis die Erkletterung eines damals »unmöglichen« Berges gelungen. 1956, also fast ein Jahrhundert nach dem dramatischen Kampf um die Erstbesteigung des Matterhorns, spielte sich am Mustagh-Turm im Baltoro-Gebiet ein ähnlicher Wettstreit um diesen 7280 m hohen Gipfel ab. Am 6. und 7. Juli 1958 erreichten die Seilschaften Brown/McNaught-Davis und Hartog/Patey über den Westnordwestgrat den Gipfel. Wenige Tage später standen die Franzosen Contamine, Keller, Magnone und Paragot an der gleichen Stelle, nachdem sie den Turm von der entgegengesetzten Seite, dem noch schwierigeren Südostgrat, bestiegen hatten.

Noch schwieriger als der Cerro Torre oder der Mustagh Tower dürfte der Trango-Turm sein, auch wenn er nicht so sehr im Schlechtwettereinfluß steht wie der erste und nicht so hoch ist wie der zweite. Im Sommer 1975 hat Joe Brown eine kleine Gruppe von englischen Spitzenbergsteigern ins Karakorum geführt, um diese Granitsäule, die aussieht wie eine riesenhafte Guglia di Brenta, 6268 m hoch ist und deren Normalweg schwieriger ist als der Bonatti-Pfeiler an den Drus, zu stürmen. Martin Boysen, der ein Jahr vorher am kaum weniger schwierigen Torre Egger in Patagonien gescheitert war, führte die Gipfelseilschaft an, als er zweihundert Meter unter dem höchsten Punkt buchstäblich stecken blieb. Er hatte sich ein Bein in einem engen Riß so verklemmt, daß er sich nicht mehr befreien konnte. Volle zwei Stunden zerrte Boysen an seinem Bein, wand er sich, versuchte er zu entkommen. Schließlich schnitt er mit einem Messerhaken den Stoff seiner Hose in Stücke und war befreit. — Zuviel Zeit war verloren, sie kehrten um. Ein Jahr später kehrten die Engländer zu diesem schlanken Granitturm zurück — und es gelang.

Cerro Torre in Patagonien

er Mustagh-Turm im
Karakorum, 7280 m

Der Gipfel des Jannu, 7710 m, Himalaja, Nepal

»Der Everest ist eine rauhe und feindselige Ungeheuerlichkeit. Wer immer ihn herausfordert, erklärt den Krieg. Er muß seinen Angriff mit der Kaltblütigkeit und Unbarmherzigkeit einer militärischen Operation führen. Und wenn die Schlacht zu Ende ist, bleibt der Berg doch unbesiegt. Hier gibt es keine wahren Sieger, nur Überlebende.«

Barry Bishop, Everest-Besteiger

»Alle drei, vier Schritte eine Atempause, bei der wir uns mit dem ganzen Gewicht auf den Eispickel stützten. Zum Glück arbeitete der Verstand noch immer klar, das einzige Ungewöhnliche war ein heftiges Ohrensausen. Es war uns, als ließe sich in dem Sausen eine feine Stimme vernehmen, die unaufhörlich dicht neben uns wisperte: ‚Nur Mut! Es geht schon noch.'«

Achille Compagnoni, K2-Besteiger

Aufstieg einer Trägerkolonne am Abruzzi-Gletscher, 1929

Die Everest-Südwestwand vom Tal des Schweigens aus gesehen, hinten der Lhotse, rechts die Nordabstürze des Nuptse

Expeditionen – heute

»Und so wird die Herausforderung des Everest bestehen bleiben, nicht nur die, eine Besteigung über die Südwestwand zu wagen, sondern auch jene, die wohlbekannte Route über den South Col auf den Gipfel zu wiederholen ... Fragt alle Bergsteiger, ob sie Lust hätten, den Everest zu besteigen. Die Antwort hieße ziemlich sicher ‚ja', und dies aus einer ganzen Reihe von Gründen: sei es, um begonnene Versuche zu beenden; um die ideale Kombination herauszufinden, Erfolg bei diesen immensen logischen Problemen in Verbindung mit anspruchsvoller Kletterei zu haben; um Körperkraft und Willensstärke bis an die äußerste Grenze zu belasten; um die Anerkennung der Kameraden zu erringen — eine Eitelkeit, um derentwillen so ziemlich alle von uns zu einigem bereit wären. Aber vielleicht ist der wichtigste aller Gründe der, nach mühseligem Vorwärtsgekrieche von immer größeren Höhen den Blick auf andere Berge schweifen zu lassen und schließlich, wenn man Glück hat, den Gipfel zu erreichen und den überwältigenden Moment zu genießen, wenn der Berg unter einem an allen Seiten in die Tiefe abfällt — und wenn man auf dem höchsten Punkt der Erde steht.«

Chris Bonington, »Everest South West Face«

„Es gibt heute eine enorme Anzahl von guten Bergsteigern auf der Welt, und die meisten von ihnen beherrschen die moderne Technik in Eis und Fels sehr gut. Sie machen phantastische Sachen in den Alpen und im Yosemite, aber fast ohne Ausnahme machen sie alle den gleichen Fehler: sie denken, daß ihr außergewöhnliches Können und ihre Geschicklichkeit automatisch auf den Himalaja oder ähnliche Gebirge übertragen werden kann und dort gleich gut funktioniert. Irgendwie übersehen sie die großen Probleme wie die Entfernung, das Wetter und besonders die Lawinen."

Sir Edmund Hillary

1 Lawine in der Mustagh-Mulde, Karakorum

2 Lawine in der Aconcagua-Südwand

3 Staublawine am Fuße des Lhotse, im Hintergrund der Island Peak und der Baruntse

4 Das zerstörte Basislager unter der Lhotse-Südwand am 20. April 1975

1

2

3

4▼

Lawinen am Lhotse

Plötzlich — ich saß im Schlafsack — wußte ich was vor sich ging. Ich hatte vorher tief geschlafen und jetzt Mühe, nicht zu ersticken. Instinktiv machte ich Schwimmbewegungen mit den Armen und versuchte, gleichmäßig zu atmen. Der Luftdruck der Lawine hatte das Zelt über mir mitgerissen, und nun flogen mir Schneestücke und Ausrüstungsgegenstände um die Ohren, feinster Schneestaub drang durch den Pullover, durchs Hemd, die Haare bis auf die Haut. Nach etwa zehn Minuten war der Spuk vorbei. Meine Hoffnungen, daß sich die Lawine nicht bis zum Basislager selbst ergießen könnte, daß es allein der Luftdruck war, der uns mitten in der Nacht im Basislager überrascht hatte, hatten sich erfüllt. Ich stand auf, barfuß und in der Unterhose, zerrte den Schlafsack aus den festgepreßten Schneemassen und machte mich auf die Suche nach einem anderen Zelt.

Es waren nur einige Teilnehmer im Basislager, die anderen in der Wand. Die Müdigkeit — ich hatte am Tag vorher Lager II aufgebaut — war jetzt vorbei. Ich stapfte im Schnee herum, merkte aber erst nach fünf Minuten, daß ich nicht bergab, sondern bergauf gegangen war und so wohl nie zu den Kameraden kommen konnte. In der Lawine hatte ich die Orientierung verloren und konnte sie erst dann wiedergewinnen, als weit unten plötzlich ein Licht aufflammte. Das mußten die anderen sein! Die Zelte waren teilweise eingedrückt, einige zerrissen, aber nur das meine war vollkommen weg, einfach nicht mehr da. Bei Mario Conti fand ich Unterschlupf, schlief trotz des Schrekkens dieser Nacht sehr tief und träumte dabei, daß ich schwimmen lernte.

Um sechs Uhr morgens — wir waren beide wach — hörten wir ein kurzes, helles Krachen in der Wand, wenig später einen dumpfen Schlag, der den ganzen Talkessel zu erschüttern schien, und ich sagte scherzhaft zu Mario: »Das ist die nächste!«

Mario hatte gerade noch Zeit, seinen Kopf wieder aus dem Zelteingang zurückzuziehen, nicht aber, mir das Kommende zu schildern. In seinen großen Augen jedoch lag ein Schreck, wie ich ihn vorher nie gesehen hatte.

In diesem Augenblick flogen bereits Zeltstangen um unsere Köpfe, es pfiff, brauste, und der Schneestaub kam mit einem derartigen Druck, daß er all die Habseligkeiten, die im Zelt gelegen hatten, mit sich trug: Kameras, Expeditionskisten, Daunenjacken, Bücher . . . Wieder saß ich im Schlafsack, Mario hinter mir, beide um Luft ringend, beide Schwimmbewegungen ausführend wie bei einer Pantomime. Diese Lawine war zwar stärker als die vorhergegangene, aber ich war gefaßter.

Als der Luftdruck nachließ, der Schneestaub langsam absackte, Mario und ich uns die Schneekrusten aus dem Gesicht gepflückt hatten, sahen wir uns um: da stand kein Zelt mehr, die Ausrüstungsdepots waren vom Erdboden verschwunden und die Küchen zu einem großen Steinhaufen zusammengeschoben. Verzweifelt suchten wir nach unseren Hosen und Anoraks, nach Schuhen und Strümpfen, nach irgend etwas Anziehbarem.

Da bewegte sich plötzlich eines der Zelte. Es war das Zelt von Riccardo Cassin, unserem Expeditionsleiter, das jetzt geisterhaft größer und größer wurde und aus dessen Hüllen sich nun der 66jährige Cassin herausschälte. Er hatte so viele Kleidungsstücke im Zelt, daß auch wir uns etwas überziehen konnten, um nach den anderen zu suchen.

Einige Sherpa hatten sich schon selbst befreit, und gemeinsam mit uns schaufelten sie jetzt die anderen frei. Einige lagen unter Expeditionskisten, vier von ihnen hatte es zwanzig Meter das Tal hinuntergeschleudert und dort begraben, der Begleitoffizier konnte im letzten Moment vor dem Erstickungstod gerettet werden.

Inzwischen waren auch die zwei fehlenden Sahibs aus ihrem zerquetschten Zelt an die Oberfläche gekrochen, einer der Sherpa kochte bereits Tee, und Riccardo Cassin gab über Funk an alle Hochlager den Befehl, sofort abzusteigen.

Wir mußten unsere Lage neu überlegen. Wir hatten in den beiden Lawinen mindestens zehn Zelte und die Hälfte der übrigen Ausrüstung eingebüßt, wir würden wenigstens zehn Tage brauchen, um das Hauptlager zu verlegen und die noch brauchbaren Stücke, die in einem Umkreis von drei Kilometern verstreut waren, wieder zusammenzutragen. Nach einer demokratischen Abstimmung entschlossen wir uns, zu bleiben.

Während ich etwa zehn Tage später wieder aufstieg, um das dritte Hochlager zu errichten, schätzte ich die Masse, die damals aus 6500 m abgebrochen war, auf eine Million Kubikmeter. Es hatte allein der Luftdruck dieser Lawine genügt, um unser Basislager vollkommen zu zerstören.

Lager des Herzogs der Abruzzen am Agassiz-Gletscher in Alaska, 1897

Das Basislager – ein Bauernhof

Wir waren ein Dutzend Bergsteiger, 1974 im Basislager am Makalu. Wir hatten uns beim Anmarsch nicht nur mit Kartoffeln, Getreide und frischem Fleisch eingedeckt, sondern auch mehrere Ziegen, ein Schaf, ein halbes Dutzend Hühner, zwei kleine Hunde und nicht zuletzt ein Schwein eingehandelt. Nun hausten wir da oben in 5100 m Meereshöhe, am letzten grünen Fleck unter den Gletschern, und alle Tiere hatten ihren Stall. Für Ziegen, Schaf und Schwein hatten wir aus Steinen und Holz einen Unterstand gebaut, die Hühner hockten nachts in der Expeditionsküche und die Hunde schliefen abwechslungsweise in den Schlafsäcken der Expeditionsteilnehmer, sozusagen als Wärmflasche. Sie hießen Yak und Yeti. Yeti hatten wir beim Anmarsch in einem armen Bauernhaus für einige Rupien gekauft, Yak, schwarz und schon etwas größer, war uns zugelaufen. Die beiden Hunde waren eine Quelle endloser Unterhaltung und jeder hatte sie gern. Sie hingen so an uns, daß sie einmal sogar bis ins Lager I, 6000 m hoch gelegen, mitkletterten und nachts dann dort oben die Schlafsäcke wärmten. Am nächsten Tag wollten sie ins Lager II aufsteigen, und wir hatten unsere liebe Not, sie wieder ins Basislager zu bringen, teilweise steckten wir sie dabei in Rucksäcke, teilweise mußten wir sie abseilen.

Im Basislager gab es spärlich, aber frische Eier; immer dann, wenn eines unserer Haustiere geschlachtet wurde, frisches Fleisch. Das Schwein war für das Siegesmahl vorbehalten. Da es aber dazu nicht kommen sollte, wollten wir es trotzdem schlachten, sozusagen als Trostspeise. Dabei stellte sich heraus, daß das Schwein bestens akklimatisiert war und eine bessere Kondition hatte als wir. Stundenlang waren wir hinter ihm her, mit allen Tricks versuchten wir, unterstützt von den Sherpa, es irgendwo in die Enge zu treiben. Es entkam uns immer wieder. Abends und bei Schneetreiben dann beendete ein wohlgezielter Hieb mit dem Kukari seine sportliche Laufbahn.

Die Hunde haben wir wieder ins Tal mitgenommen, Yak ist uns dort entlaufen, spontan, wie er zwei Monate zuvor bei uns aufgetaucht war. Yeti haben wir in Kathmandu unserem Hotelier geschenkt, und wir besuchen ihn ab und zu, wenn sich einer von uns dort aufhält.

„Das Entscheidende
bei Expeditionen ist,
Erkenntnisse
über sich selbst
zu gewinnen.“
Heinrich Harrer

Im Eisbruch des Hidden Peak, Karakorum

Die großen Wände

Nachdem alle Achttausender über ihre Normalwege erstmals erstiegen waren, schien es, als wäre die Faszination des Himalaja-Bergsteigens verblaßt. Die Öffentlichkeit hat nicht mehr, wie bei der Erstbesteigung des Mount Everest oder des Nanga Parbat, mitgebangt und mitgelitten, wenn eine Expedition in den Himalaja aufbrach, um dort einen Siebentausender oder eine schwierige Route auf einen Achttausender zu erklettern. Für uns Bergsteiger aber ist heute die Herausforderung der größten Wände der Welt ebenso groß wie es für die Pioniere die unerreichten Achttausendergipfel schlechthin gewesen sind.

Als junger Kletterer haben mich die Berichte der Achttausenderleute wenig begeistert. Was ich mit achtzehn und zwanzig Jahren suchte, waren in erster Linie die Schwierigkeiten, und diese fand ich vorwiegend in steilen Dolomitenwänden, an der Nordwand der Grandes Jorasses und in den Plattenfluchten der nördlichen Kalkalpen. Was mich aber mehr begeisterte als alles andere, waren die großen Wände der Welt. Mit Spannung hatte ich alle Versuche an der Südwand des Nanga Parbat verfolgt und die Einladung zur »Sigi-Löw-Gedächtnisexpedition« 1970 mit Freuden angenommen. Jetzt ging es nicht mehr allein um den Nanga-Parbat-Gipfel, jetzt ging es um seine größte Wand, um riesige Ausmaße und Schwierigkeiten, wie ich sie in den Alpen gesucht hatte.

Ich finde die gegenwärtige Epoche des Bergsteigens die interessanteste, auch wenn sie nicht im Brennpunkt steht wie die großen Ereignisse vor hundert, fünfzig und zwanzig Jahren: die Erstbesteigung des Matterhorns, die erste Durchsteigung der Eiger-Nordwand und der erste Achttausender. Der sportliche Schwierigkeitsalpinismus findet an den großen Wänden der Anden und des Himalaja sein weitestes Betätigungsfeld, und der Scheitelpunkt wird erst nach Generationen erreicht werden. Das logische Ziel, die schwierigsten Wände auf alle hohen Berge zu durchsteigen, ist bisher nur von einem winzigen Kreis von Bergsteigern angestrebt worden. Für die nächste Generation von Kletterern werden die Wände der Playground schlechthin sein.

Ich meine dabei auch die steilen Flanken auf die Sechstausender, die bis heute als lohnende Ziele eigentlich noch gar nicht entdeckt worden sind. Man spricht in diesen Jahren in Fachkreisen viel von den Achttausenderwänden, und es sind noch ein gutes Dutzend von solchen logischen Routen möglich, wie sie die Südwand am Makalu, die Südwestwand des Everest, die Südwand der Annapurna oder auch die Rupal-Wand darstellen. Neben diesen offenen Problemen aber — ich denke hier an die Südwand des Dhaulagiri, die West- und Ostwand des Manaslu, die großen Pfeiler am K 2, den Südpfeiler des Cho Oyu und natürlich immer noch die Südwand des Lhotse — bleiben ungezählte Wände auf die Sechs- und Siebentausender in Amerika und Asien, die alles, was es in den Alpen an großen Wänden gibt, in jeder Hinsicht übertreffen.

Vielleicht haben viele junge Kletterer bisher deshalb keine diesbezüglichen Initiativen ergriffen, weil sie immer an »Expedition« dachten und damit an eine riesige Organisation, an unerschwingliche Geldmittel, an unerreichbare Gebirge. Wenn sie wüßten, daß es heute nicht schwieriger ist, in den Himalaja zu gelangen, als es vor einem Vierteljahrhundert noch war, in die Westalpen zu fahren, daß eine große Flanke in den Weltbergen bei der nötigen Vorbereitung auch in Zweierseilschaft möglich ist und daß eine solche Expedition, abgesehen von Flug- und Genehmigungsgebühr, nicht mehr kostet als eine entsprechend lange Westalpenfahrt, dann hätte der Run auf die großen Wände schon begonnen.

Er wird beginnen.

Die Leitung und ihre Verträge

Nicht nur in der Zwischenkriegszeit, auch im Jahrzehnt der großen Erfolge in den Weltbergen sind Expeditionen vielfach von Nichtbergsteigern geleitet worden. Dies ging gut, solange sich ein solcher Leiter ausschließlich auf die Geldbeschaffung und Organisation des Unternehmens beschränkte, die Besteigung an und für sich aber nicht zu beeinflussen suchte. Expeditionsverträge, die die Teilnehmer einerseits zum absoluten Gehorsam verdammten, andererseits eine freie Auswertung verboten, waren oft der Grund für Streitigkeiten während oder nach den Expeditionen.

Soweit sich das veraltete System mit Expeditionsvertrag und Organisator bis in unsere Tage herübergerettet hat, ist ein spielerisch-sportliches Expeditionsbergsteigen undenkbar. Da aber für die Öffentlichkeit nichts mehr zu erforschen ist, nichts zu erobern und nichts zu entdecken, ist allein diese Art des Alpinismus noch sinnvoll.

Die Gipfelzone der Makalu-Südwand, 8481 m

Gipfel sind nicht unbedingt da,
um bestiegen zu werden,
sie sind ein Pol,
der Spannung erzeugt.

Der Masherbrum vom Baltoro-Gletscher aus, 7821 m

unten: Der Dhaulagiri von Süden, 8167 m; diese 4000 m hohe Wand ist eines der größten Probleme im Himalaja

Ein Achttausender zu zweit

Ein Achttausender zu zweit,
über eine schwierige Wand,
ohne künstlichen Sauerstoff,
ohne Fixseile,
ohne Hochträger,
ohne Kontakt zur Außenwelt,
ohne Hochlager —

das war schon lange mein Traum. Ein Traum, der drei Jahre lang daran zerbrach, daß weder die Regierung von Nepal noch die von Pakistan eine Genehmigung für ein solches Unternehmen geben wollte. Die einen redeten sich auf die erhöhten Gefahren aus, die mit einer solchen Mini-Expedition verbunden wären, die anderen sprachen von den geringen Devisen, die ein Zweimannteam ins Land brächte. Im Mai 1975 hielt ich dann endlich eine solche Genehmigung in der Hand:
Hidden Peak, 8068 m (Gasherbrum I), Karakorum.
Route: Rawalpindi-Skardu (Flug), Shigar, Askole, Bardumal, Baltoro Glacier, South Gasherbrum Glacier, Hidden Peak.

Sie kam etwas spät und überraschte. Meine Frau hatte mir die Papiere nach Nepal gebracht, und nun saßen wir in Dingboche und diskutierten darüber, ob ich zugreifen sollte oder nicht. Seit drei Monaten war ich im Himalaja und die Lhotse-Expedition war noch nicht abgeschlossen.

Es stand zwar fest, daß es für einen Schlußangriff in der äußerst schwierigen Lhotse-Südwand zu spät war, aber es galt noch, die Hochlager abzubauen und den Rückmarsch ins Tal zu organisieren.

Einen Monat später erst starteten wir von Kathmandu aus in Richtung Italien, wo wir Anfang März aufgebrochen waren. Wieder einmal hatte ich das Gefühl, daß wir nicht zuletzt an der Schwerfälligkeit eines Großunternehmens gescheitert waren und daß zwei Spitzenbergsteiger bei gleichen Verhältnissen wenigstens gleich weit gekommen wären.

In die Heimat zurückgekehrt, versuchte ich mit dem Zillertaler Peter Habeler, mit dem ich seit unserer Zehnstundendurchsteigung der Eiger-Nordwand einen »Achttausender zu zweit« geplant hatte, Kontakt aufzunehmen. Vergebens. Peter, Ausbildungschef der österreichischen Bergführer, war auf Kurs und telefonisch nicht erreichbar.

Damit war der Hidden Peak für mich für dieses Jahr abgeschrieben. Ich war müde, seit vier Monaten ohne Verdienst und zudem plagten mich Gewissensbisse, da ich meine Frau so lang allein gelassen hatte. »Ich bleibe da«, sagte ich ihr eines Abends im Juni, und wir sprachen vom angebrochenen Sommer.

Zwei Tage später meldete sich Habeler am Telefon: »Bin jederzeit startbereit und in Form wie noch nie in meinem Leben.« Nun war ich hin- und hergerissen, verzweifelt und glücklich zugleich. Aber, war es nicht schon zu spät, hatte ich nicht versprochen, daheim zu bleiben, wo war meine Müdigkeit vom Lhotse? Ein Achttausender zu zweit, das war schon lange mein Traum.

In den ersten Julitagen saßen Peter Habeler und ich in der Maschine nach Pakistan. In knapp zehn Tagen hatten wir eine Expedition auf die Beine gestellt, eine winzige zwar, eine Expedition allerdings, in der kein Streichholz fehlen, aber auch keines zuviel sein durfte. Mit 100 kg Expeditionsgepäck — darunter eine 16-mm-Kamera und 40 Kassetten — waren wir in München abgeflogen und mit 200 kg — wir hatten in Rawalpindi Nahrungsmittel und Benzin gekauft — gingen wir am 13. Juli auf den langen und gefährlichen Marsch, der uns in 12 Tagen zum Basislager bringen sollte. Wir hatten 12 einheimische Träger angeheuert, die außer einer Expeditionskiste ihr eigenes Essen schleppten: Mehl, Tee und etwas Zucker. Der Anmarsch über Askole und den mehr als fünfzig Kilometer langen Baltoro-Gletscher ist der gefährlichste, den ich kenne. Es gilt, steinschlaggefährliche Schluchtwände zu queren, unmittelbar über dem reißenden Braldo-Fluß zu klettern und eisige Wasserläufe zu passieren, Dutzende, Tag für Tag. Der Baltoro — ein Meer von Steinen — verzeiht keinen Fehler: es gibt dort kein Holz, keinen Weg, keine geschützten Lagerstellen. Wie riesige Wellen liegen die Schutthalden in der sengenden Sonne. Links und rechts steigen zweitausend Meter hohe Granitwände in die Höhe und weit drinnen stehen, alles andere überragend, der K 2, der Broad Peak, der Gasherbrum IV.

Ab Concordia schneite es. Nebel verhüllten die Berge, und es war nicht einfach, die Orientierung zu halten. Schwieriger noch war es, die Träger zum Weitergehen zu bewegen.

Am 26. Juli stand unser winziges Basislager am Fuß des Hidden Peak. Die Kulis waren ins Tal zurückgekehrt, nun waren wir allein, auf uns gestellt, von niemandem mehr abhängig. In der Nähe lagerten zwar Polen, die sich seit zwei Monaten am Gasherbrum III

versuchten, und weiter oben Österreicher unter der Leitung von Hans Schell, die den Hidden Peak von Süden angehen wollten, über den Normalweg, über den ihn die Amerikaner Kaufmann und Schoenig 1958 erstmals bestiegen hatten.
Diese beiden Expeditionen kreuzten sich nicht mit der unseren, da wir uns vorgenommen hatten, den Hidden Peak über seine unberührte und äußerst schwierige Nordwestwand zu erklettern.
In den letzten Julitagen brachen wir zur ersten Erkundung auf. Wir durchstiegen zwei Eisbrüche am Fuß der Westwand, erreichten das Gasherbrum-Tal, das den G I vom G II trennt, und biwakierten dort. Die Nordwestwand des Hidden Peak sah steiler aus als wir erwartet hatten, und wir beschlossen, in einem zweiten Versuch ein Stück hinaufzuklettern und die Verhältnisse zu studieren, das Eis, die Beschaffenheit der Felsen, Steinschlagrinnen. Ins Basislager zurückgekehrt, meldeten wir uns bei unserem obligaten Begleitoffizier, der bei den Polen Unterschlupf gefunden hatte. Er war glücklich, uns wieder am Wandfuß zu wissen, da das Wetter sich verschlechterte. Um Gewicht zu sparen, wollten wir auch auf Funkgeräte verzichten, und so gab es während der Erkundungs- und Klettertage keinerlei Kontakt zwischen uns und der Außenwelt.
Das Wetter, das sich in regelmäßigem Rhythmus — drei Tage schlecht, drei Tage gut — zu wiederholen schien, glaubten wir nun zu kennen, und wir wollten unser Tun danach richten. Anfang August starteten wir zu unserem zweiten Erkundungsvorstoß. Nach einem Biwak in 5900 m durchquerten wir am nächsten Morgen das Gasherbrum-Tal und kletterten bis 6500 m.
Das Eis war blank, doch weich genug, so daß die Frontalzacken gut griffen. Die Felsen, die wir im Abstieg kletterten, um zum Gasherbrum La zu gelangen, waren äußerst brüchig. Das gab uns einen Vorgeschmack von dem, was uns beim Gipfelsturm erwartete.
Am Gasherbrum La ließen wir in einem Depot einen Teil unserer Ausrüstung und Nahrungsmittel zurück und stiegen ins Basislager ab. Wieder wurde das Wetter schlecht, wieder gab es am Berg Neuschnee, wieder konnten wir in Ruhe rasten. Durch den langen Anmarsch und die beiden Erkundungen akklimatisiert, hofften wir, bei der nächsten Schönwetterperiode einen ersten Gipfelangriff starten zu können.
Wir packten die Rucksäcke öfter, maßen und wogen. Einige Kilogramm zuviel konnten uns um den Erfolg bringen, ein Haken zuwenig auch.
Am 8. August endlich schien uns das Wetter sicher genug. Wir stiegen bis über den zweiten Eisbruch und biwakierten dort. Am 9. August kletterten wir bis zum Depot am Gasherbrum La, packten die Rucksäcke um und stiegen weiter: über steiles Eis — 60° —, vereiste Felsen, enge Rinnen ... immer aufwärts, Schritt für Schritt, Rastpause um Rastpause. Wir wollten so hoch steigen wie möglich, dort unser Biwakzelt aufbauen und am anderen Morgen den Gipfel angreifen.
Wir kletterten jetzt ohne Sicherung. Mit Seil, Standhaken, Zwischenhaken hätten wir eine Woche für diese 2000 m hohe Steilwand gebraucht. Jeder kletterte für sich, konzentriert auf die vordersten Spitzen der Zwölferzacken, die Hände, den Pickel, das Gleichgewicht. Nur das grenzenlose Vertrauen, das wir ineinander setzten, erlaubte uns diesen Stil. Wir würden auch die Matterhorn-Nordwand so klettern, ohne auch nur einen Augenblick für den anderen zu fürchten, und hier war es wie in der Matterhorn-Nordwand, nicht schwieriger, aber auch nicht leichter.
Wir waren müde, unendlich müde, als wir am frühen Nachmittag knapp unter der »Sichel« einen günstigen Biwakplatz fanden. Wir hatten zwischen dem »weißen« und dem »schwarzen Turm« — eine Stelle, die uns beim Studium von unten viel Kopfzerbrechen bereitet hatte — einen Durchschlupf gefunden, einen mit Eis gefüllten Kamin und anschließend eine Wand mit Preßschnee gequert. Nun saßen wir auf der »Schulter« und waren im Moment nicht fähig, das Zelt aufzubauen. Der Höhenmesser zeigte 7100 m, und das Wetter war herrlich. Beides wirkte aufmunternd. Mit den Füßen und den Pickeln ebneten wir einen kleinen Platz ein, zweimal ein Meter vielleicht, stellten das Biwakzelt auf und begannen Tee zu kochen, wir mußten trinken, viel trinken.
Ein traumhafter Sonnenuntergang versprach gutes Wetter für den nächsten Tag.
Es war eisig kalt, als wir um 6.30 Uhr des 10. August das Biwak verließen. Über Firnhänge und Felsrücken stiegen wir anfangs ohne besondere Schwierigkeiten bergan. Nach einer Stunde aber baute sich die Wand neuerdings steil auf. Teilweise im Fels, dann wieder im Eis kletterten wir durch das »S«, ein Schlauch, der wie ein riesiges S emporzieht. Oft war der Schnee windgepreßt, nicht selten lawinengefährlich. Peter stieg nun voraus und spurte, wenn es notwendig war, ich schleppte den Rucksack mit der Filmkamera, den Medikamenten, dem Notproviant.
Wenig unter dem Gipfel querten wir leicht nach links, erreichten einen relativ flachen Grat. Ich fotografierte und filmte, wie Peter über die scharfe Firnschneide in den schwarzblauen Himmel hineinstieg. Keine einzige Wolke am ganzen Horizont. Dann stieg ich nach. Am Gipfel kam mir Peter einige Schritte entgegen, wir umarmten uns, vergaßen für einen Augenblick ganz, daß wir uns unendlich weit von der Welt entfernt hatten: 2 km steilste Fels- und Eiswand, 10 km Eisbrüche, mehr als 60 km Gletscher, 12 Tage Fußmarsch von Skardu, 8000 km von daheim.

Wir sind oben, am Gipfel, und nachdem wir geschaut und fotografiert haben, sitzen wir eine halbe Stunde einfach nur da. – Wir haben wohl jenen Zustand erreicht, den die Buddhisten Nirwana nennen, wunschloses, leeres Dasein, einen Augenblick lang.

Das Basislager Reinhold Messners am Hidden Peak

unten: Kletterei in ca. 6900 m in der Nordwestwand des Hidden Peak

Die Kleinexpedition – die Form von morgen

Die Engländer Tasker und Renshaw bezwangen im Herbst 1975 die Südwand des Dunagiri im Gharwal-Himalaja. Wenige Monate vorher hatten Guido Machetto und Gianni Calcagno, zwei italienische Spitzenbergsteiger, den Westpfeiler des Tirich Mir im Hindukusch erstmals erklettert. Beide Male handelte es sich um kleine Expeditionen, bei der Besteigung selbst allein um eine Seilschaft, die operierte.
Eine kleine Expedition ist leichter zu finanzieren, leichter zu organisieren und birgt bei guter Vorbereitung aufgrund der schnelleren Beweglichkeit weniger Gefahrenmomente als eine Großexpedition, zudem sind die Erfolgsaussichten nicht geringer. Zwei Mann allein sind vielleicht nicht das Ideale. Es dürfte sich nach und nach wohl die Idee der Viererseilschaft durchsetzen, einer kleinen Gruppe, bestehend aus einem Arzt und drei weiteren Bergsteigern, die am besten in zwei Seilschaften klettern. In diesem Stil sind auch schon viele der großen Alpenwände gelöst worden. Er bringt den Vorteil, daß man sich gegenseitig helfen kann, daß eventuell eine Seilschaft zum Gipfel steigt, sollte einer erkranken, und daß Erkundungsarbeiten aufgeteilt werden können. Zu viert kann man sicherlich alle Normalwege an den Achttausendern wiederholen, viele Siebentausender besteigen und vor allem — was sehr viel Spaß machen muß — im Himalaja, in den Anden oder im Hindukusch einfach so herumklettern. In dieser neuen Expeditionsform stehen die Weltberge einem wesentlich größeren Kreis von Bergsteigern offen, vor allem auch den jungen, tatkräftigen. Die britische Kangchendzönga-Expedition, die Mitte März 1979 Europa verließ, um den dritthöchsten Gipfel der Welt über eine neue Nordroute zu besteigen, ist wieder ein Beweis dafür, daß die Himalajariesen auch im Alpenstil möglich sind. Nur vier Bergsteiger — Peter Boardman, der Franzose George Bettembourg, Doug Scott und Joe Tasker — stellten sich einem bergsteigerischen Problem, das bis dahin auch von Großexpeditionen nicht bewältigt worden war. Bis zum Nordsattel nur wurden Sherpaträger eingesetzt, die Fixseile blieben auf die untere Hälfte der Aufstiegsroute beschränkt. Nach mehreren Anläufen erreichten die drei Briten am 16. Mai den Hauptgipfel des Kantsch.

Trekking – das organisierte Abenteuer

Trekkings sind »in«. — Schätzungsweise 10.000 unternehmungslustige Urlauber brechen alle Jahre zu einer Tour in ferne Gebirge auf. Sie marschieren durch die Hochtäler Nepals, besteigen den einen oder anderen Sechstausender im Himalaja, die Vulkane in Mexiko, die Fünftausender in Ostafrika. Andere jagen in Hundeschlitten über die Eiswüsten Labradors, die Kühnsten schließen sich einer Expedition zu den Siebentausendern des Hindukusch, Pamir und Karakorum an.
Anmarschwege, die vor zwanzig Jahren nur einer kleinen Schar von auserwählten Bergsteigern vorbehalten waren, sind zum beliebten Wanderziel organisierter Gruppen geworden. Mehr noch, Gipfel, die jahrzehntelang alle Versuche scheitern ließen, werden heute nicht selten von Reisebüros als Urlaubsziel angeboten: der Dhaulagiri im Himalaja, der Tirich Mir in Pakistan, der Trisul in Nepal, der Mount McKinley in Alaska. Wie lange wird es dauern, bis alle Achttausender pauschal gebucht werden können? Führung, Betreuung und Abenteuer inklusive. Die Wege der großen Pioniere locken zum Nachvollzug in kleinen Dosen, man folgt dem Weg von Edmund Hillary ins Basislager des Everest, man steigt bis zur Märchenwiese auf, wo Willy Merkl, Willo Welzenbach und Hermann Buhl gelagert hatten, man quält sich auf den Spuren von Jack London durch Alaska. »Alljährlich ächzen Hunderte im Nachvollzug heroischer Schinderei«, schreibt der »Spiegel«. Sie ächzen, meist ohne Rucksack, weil diesen der Träger schleppt, im komfortablen Zelt und speisen am aufklappbaren Campingtisch.
Es ist nicht schlimm, daß es so viele sind, die das Abenteuer in den Weltbergen suchen, zehnmal, ja hundertmal so viele hätten in den einsamen Bergtälern Nepals und Pakistans, in den Eiswüsten Grönlands und auf den ungezählten Sechstausendern Amerikas Platz, ohne sich gegenseitig auf die Zehen zu treten. Auch ist es nicht die Gruppe — die sich normalerweise rasch und konfliktlos in kleine Interessengemeinschaften aufteilt und oft auf Kilometer verteilt durch die Täler zieht —, die ich kritisieren möchte. Was ich klarstellen möchte, ist nur die Tatsache, daß man Abenteuer nicht kaufen kann, daß eigene Verantwortung dazugehört und nicht ein Gruppenführer, an den man sich klammern kann, wenn die Angst erwacht: im

Schneesturm und bei dichtem Nebel, bei Fluß- und Gletscherüberquerungen.
Es ist nicht so wichtig, wie hoch der Berg ist, den man sich für den Urlaub vornimmt. Auch ist der Weg dorthin nicht ausschlaggebend. Wichtig ist, daß man es selbst macht, selbst organisiert, selbst mit den einheimischen Trägern verhandelt, selbst kocht und Lagerplätze sucht, selbst den Weg zum Gipfel findet oder aufgibt, wenn es die Verhältnisse verlangen. Wer einmal im organisierten Trek gereist ist und dabei gelernt hat, kann mit einer Handvoll Freunden bei gleichen finanziellen Auslagen selbständig losziehen. Dabei erst findet er das, was er eigentlich sucht: das Abenteuer. Andernfalls betrügt er sich selbst.

Wichtiger als alles andere ist, daß jeder, ob im organisierten Trekking oder als Abenteurer unterwegs, der Ökologie des jeweiligen Platzes Rechnung trägt. Es ist nicht nur eine Schlamperei, wenn wir Europäer den Sherpa in Solu Khumbu das spärliche Holz wegbrennen, wenn wir die Lagerplätze als Abfallhalden hinterlassen — es ist unverantwortbar. Wer Plastik, Glasflaschen und andere nicht verwesbare Abfallprodukte mit auf die Berge nimmt, muß sie wieder mit herunternehmen! Es ist höchste Zeit, daß wir uns am Zügel nehmen und die »Arena der Einsamkeit« als ein letztes Stück wilde Welt auf dieser »nützlichen« Erde erhalten.

Treffpunkt Hindukusch

Mit einigen hundert Trägern war ich von Quazi Deh bis ins Noshaq-Basislager aufgestiegen, hatte dieses und ein erstes Hochlager am Westsporn des höchsten Berges Afghanistans aufgebaut und wartete nun auf meine Frau, die die erste von drei Trekkinggruppen bis hierher führen sollte. Wir hatten den Noshaq, mit 7492 m ein relativ hoher Berg, als Ziel für unsere besten Teilnehmer gewählt, im nächsten Umkreis aber standen Sechstausender wie der Asp-e-Safed und der Karpostoyarki, ein Fünftausender, weitere Möglichkeiten also von ein und demselben Basislager aus.
Es war uns gelungen, fast ein Dutzend Sherpa von Nepal nach Afghanistan zu bringen, die nun bei der Besteigung die Lasten in die Hochlager schleppten, kochten und uns betreuten.
Früher als erwartet traf meine Frau mit ihrer Gruppe im Basislager ein. Sie hatten in Faizabad noch Nahrungsmittel eingekauft, die abenteuerlich anstrengende Strecke bis Quazi Deh mit einem Landrover und auf der Brücke eines russischen Lastautos zurückgelegt und den Anmarsch ins Basislager in zwei Tagen geschafft. Dieses, in einer Mulde auf der rechten Moräne am Fuß des Noshaq gelegen, bot wenig Erholung nach dieser staubigen Fahrt und dem Anmarsch durch ausgedörrte Hochtäler, Gletscherflüsse und sengende Hitze. Es gab kaum Wasser dort, die Zelte standen auf grauem Schutt, und der Wind wirbelte immer wieder feinen Sand auf, wenn er zwischen die Zelte fuhr.
Nach einer Besteigung des Karpostoyarki, eine Tagestour vom Basislager aus, suchte ich einen Weg durch das lange Gletschertal zum Fuß des Asp-e-Safed und gab den Sherpa dabei Anweisungen, wo sie die beiden Hochlager für dieses unser zweites Expeditionsziel errichten sollten. Nun erst wandte ich mich wieder dem Noshaq zu, in dessen erstem Hochlager sich eine Handvoll Teilnehmer bereits akklimatisiert hatten, baute dort ein zweites Lager, versicherte einen Felsriegel knapp unterhalb der 7000-m-Grenze und stellte, unterstützt von Bergsteigern und Sherpa, unser letztes Lager darüber auf. An diesem Tag erreichte unsere erste Gruppe den Gipfel des Asp-e-Safed. Am nächsten Tag stiegen wir zu sechst über flache Schneehänge, einen kurzen Felsgrat und einen endlos scheinenden Schotterhang zum zweithöchsten Gipfel des Hindukusch-Gebirges auf, dem höchsten Afghanistans, an der Grenze zu Pakistan gelegen. Ich hatte zur Bedingung gestellt, daß nur derjenige bis zum höchsten Punkt gehen dürfte, der ihn vor ein Uhr nachmittags erreichen könne, da ich genügend Spielraum für den Abstieg einkalkuliert hatte. Diese Zeitbegrenzung ist zwar um eine gute Stunde überschritten worden, alle Teilnehmer kamen trotzdem vor Dunkelheit in das Sturmlager zurück, von wo wir am nächsten Tag ins Basislager abstiegen.
Lager und Versicherungsarbeiten blieben für weitere Besteigungsgruppen stehen, und wir erholten uns unten auf der Moräne, wo inzwischen drei weitere Expeditionen eingetroffen waren. Bei der einen — polnische Bergsteiger, die die Südwand des Noshaq erstbegehen wollten — saßen wir oft halbe Nächte in den Zelten und sangen, unterhielten uns und hörten klassische Musik. Mit einer internationalen Gruppe, bestehend aus Norwegern und Amerikanern, die zwanzig Minuten weiter oben lagerten, hatte sich ein reger Handel entwickelt: wir tauschten Marmelade gegen Kronsardinen, Fertiggerichte gegen Tubenkäse, Streichhölzer gegen Klopapier. Die dritten Nachbarn endlich waren eine Handvoll Hippies, die nur so von Kabul aus aufgestiegen waren und nun, zum Teil in Filzpantoffeln, in den unteren Regionen des Noshaq herumstiegen.

Die klare Luft
die Aussicht,
der stürmische Wind –
alles läßt ahnen,
daß ich den Aufstieg
hinter mir habe:
das Spuren,
Klettern,
Aufpassen
und das Balancieren
auf schmalen Graten;
in mir
das Schweigen
der Erde;
vor mir
der Abstieg
in mein eigenes
Leben.

Der Noshaq, 7492 m, der höchste Berg Afghanistans.
Links dahinter der Darban Zom 7219 m.

Unten: Der Tirich Mir, 7708 m, im Hindukusch,
Pakistan, vom Gipfel des Noshaq aus fotografiert

Der K2, 8611 m, vom Concordia-Platz aus gesehen, Karakorum

Der schönste Berg der Welt?
Wie oft ist mir die Frage gestellt worden.
K2 im Karakorum, Ama Dablam im Himalaja,
Cerro Torre in Patagonien, Matterhorn.
Für mich ist immer der der schönste,
den ich gerade besteigen möchte.

Der heilige Berg Ama Dablam im Himalaja

Gletscherspalten am Eisbalkon in der Aconcagua-Südwand

Dimensionen

Es sind weniger die Höhenunterschiede zwischen Wandfuß und Gipfel, die uns Alpenbergsteigern in den Bergen der Welt in neuen Dimensionen erscheinen, als vielmehr die vielen Tage, die wir von jeder menschlichen Behausung entfernt sind, oder die wenigen Meter, für die wir in der Todeszone oft Stunden brauchen.
Bedingt durch die sauerstoffarme Luft, durch die Tatsache, daß eine Expedition völlig auf sich allein gestellt ist, durch die Abgeschiedenheit von der übrigen Welt lernen wir in den großen Gebirgen der Erde Dimensionen kennen, die in den Alpen schon lange verwischt sind.

unten: Die 3000 m hohe Südwand der Annapurna, 8091 m; die Führe der Engländer (1970) verläuft im linken Wandteil, die beiden markanten Pfeiler rechts sind lohnende Ziele für die Zukunft

Cerro Torre und Cerro Egger in Patagonien, Argentinien

Der Berg und seine Gesichter

Jeder Berg hat eine kühnste Seite, einen leichtesten Aufstieg, eine herausfordernde Form . . .
Aber auch die Beleuchtung prägt seine vielen Gesichter. Die Mittagshitze drückt ihn platt und flach, die Morgensonne hebt ihn, und es genügt eine Nebelbank in der Wandmitte, um den Gipfel in den schier endlosen Himmel zu entrücken. Wie oft beobachtete ich das Dämonenspiel an den Riesenflanken, wenn eine Gewitterfront über den Gipfel hinwegzog, noch öfter wartete ich hart auf das erste wärmende Licht, das ganz langsam von den Gipfeln zu uns ins Tal kam, und manchmal saßen wir fröstelnd auf einem Steinklotz im Basislager, bis das Abendrot auch am Gipfel erloschen war.

Die Rupalwand am Nanga Parbat

So klein und verzagt
ich am Einstieg oft war –
so klein und verzagt
stand ich am Gipfel.

Unter der Südwand des Dhaulagiri

Makalu- und Everest-Süd – zwei letzte Probleme

Die Südwestwand des Everest und die Südwand des Makalu wurden in den letzten Jahren immer wieder versucht. Beide sind sie etwa zweieinhalbtausend Meter hoch, kombiniert, und beide haben sie einen speziellen Reiz. Die eine, die Südwand des Makalu, ist formschön, steilt sich nach oben hin auf und schreibt eine logische Route zwingend vor. Die andere, die Südwestwand des Everest, ist nicht so schön, zwei Routenmöglichkeiten bieten sich an, aber sie führt auf den höchsten Berg der Erde. Nahezu alle bergsteigenden Nationen haben sich an diesen Wänden versucht: am Everest Japaner, Engländer, Deutsche, Österreicher, wieder Japaner, auch wir, die Basisgruppe von der Manaslu-Expedition '72, hatten die Wand auf unserem Programm. Am Makalu versuchten sich Jugoslawen, Amerikaner, eine österreichische Expedition, der auch ich angehörte, und dann wieder Jugoslawen. Im Herbst 1975 sind beide Wände gefallen, in der Nachmonsunzeit, die bis dahin nur zwei Normalwegerfolge an Achttausendern gebracht hatte. Am Makalu war es wieder Aleš Kunaver, der Leiter der jugoslawischen Makalu-Expedition 1972, der die Expedition führte.

Der Mount Everest, 8848 m, rechts die Südwestwand

Kunaver machte sich die Erfahrungen von 1972 zunutze und operierte diesmal mit einer verstärkten Klettergruppe und gleichzeitig einer geringeren Anzahl von Sherpa. Interessant ist dabei, daß der Angriffsplan bereits zu Hause bis ins Detail ausgeklügelt wurde und an der Wand selbst dann nur durch einen Wettersturz geringfügig verzögert wurde. Die Expedition, die am 19. August in Dharan aufbrach, erreichte das Basislager am 5. September. Am 6. 9. bereits gingen die ersten Lasten nach Lager 1, am 7. 9. wurde es aufgestellt. In diesem Tempo ging es weiter, bis nach Errichtung von Lager 5 am 6. Oktober Stane Belak und Manfreda Marjan von dort aufbrachen und um 16 Uhr den Gipfel erreichten. Weitere Seilschaften folgten am 8., 10. und 11. Oktober. Mit insgesamt 7 Gipfelbezwingern über diese große Wand, die so viele abgewiesen hatte, gehört die jugoslawische Expedition damit nicht nur zu den erfolgreichsten Unternehmen des Jahres, sondern der alpinen Geschichte.

Auch die Engländer unter Leitung von Chris Bonington hatten gut vorgeplant und sich die Erfahrungen der vorhergegangenen Versuche zunutze gemacht. Boningtons Team erreichte das Basislager am 21. August, am 22. September stand das letzte, das 6. Lager, nachdem man sich an der Schlüsselstelle, dem Felsband, für die linke Version entschieden hatte und bei dem vielen Schnee eine Rinne mit nur zwei Unterbrechungen ausnützen konnte. Am 24. 9. brachen Doug Scott und Dougal Haston zum Gipfelangriff auf und erreichten den höchsten Punkt um 18 Uhr. Bei einem zweiten Angriff am 26. 9. erreichten Peter Boardman und der Sherpa Pertemba den Gipfel, Mick Burke verlor beim eintretenden Wettersturz sein Leben. Trotz dieses Opfers war damit eines der größten Probleme der Expeditionsgeschichte gelöst und eine Epoche des Himalaja-Bergsteigens abgeschlossen. Das traditionelle Expeditionswesen hat seinen Abschluß gefunden.

Der Makalu (8481 m) mit seiner formschönen Südwand, links im Profil der Südwestpfeiler, den Franzosen 1971 bezwangen

Zu den Bergen der Welt

Die großen Gebirge der Erde sind für die heutige Generation zeitlich und finanziell näher gerückt. Auch die Eiswüste Grönlands, die Felsen der Sahara, ja sogar die geheimnisumwobenen Firnkuppen überm Dschungel der Südsee sowie die sturmumtobten Granittürme Patagoniens sind nicht allein mehr Traum, sondern Ziel vieler junger Bergsteiger geworden.
Was in den fünfziger Jahren nur einzelnen, auserwählten Spitzenbergsteigern vorbehalten war, kann heute jeder erleben, der Lust und Mut zum Bergsteigen in fernen Ländern mitbringt. Seit Anfang der siebziger Jahre nämlich zeichnet sich ein neuer Trend im Expeditionsbergsteigen ab: der allgemeine Ausbruch aus den Alpen. Es ist, als ob alle Schranken gefallen wären; die Berge der Welt — in jahrzehntelanger Forschertätigkeit erobert — sind damit ein idealer Erholungsraum geworden.
Diese Erscheinung hängt in erster Linie mit dem modernen Tourismus zusammen, dem keine Entfernungen zu groß sind und der dem aktiven Urlauber Abenteuer in den entlegensten Gegenden ermöglicht.
Diese Welt aber, die durch die ungezählten Flugmöglichkeiten mehr und mehr zusammenzuschrumpfen scheint, hat sich in Wirklichkeit für uns Bergsteiger geweitet, da sich damit unendlich viele neue Möglichkeiten auftun. Zur Zeit der Postkutsche, als Goethe über den Brenner nach Italien reiste oder einige Gipfel in der Schweiz bestieg, war es nur wenigen vergönnt, den Montblanc zu sehen. Heute gibt es eine Reihe von Alpinisten, die alle Viertausender der Alpen bestiegen haben, die fast alle großen Gebirge rund um die Welt kennenlernen möchten.

Lager am Fuße des Thulagi-Gletschers, Himalaja, Nepal

Die Nordwandmauer des Carstensz-Gebirges (ca. 5000 m) vom Larson-Paß aus

Carstensz-Gebirge

Die Tatsache, daß es in Neuguinea – unmittelbar überm Dschungel der Südsee – kühne Kalktürme, senkrechte Wände, eisbedeckte Gipfel gibt, ist unglaublich und faszinierend zugleich.
Trotzdem sind diese Berge, die unweigerlich an die Dolomiten erinnern, bisher nur wenig erschlossen.
Es gibt hier keine Hütten, keine Steige, keine roten Markierungspunkte.
Einige Mäuerchen nur verraten die Lagerplätze früherer Expeditionen, da und dort weist ein Steinmann den Weg zwischen den glattgeschliffenen Felsen. Hier ist ein Stück Felslandschaft erhalten geblieben.

Dani-Träger beim Anmarsch ins Carstensz-Gebirge

„Dem Touristen wird mit dem Angebot des Besuchs „letzter Paradiese“ die persönliche Sicherheit und technische Bequemlichkeit als selbstverständlich mitofferiert; er verlangt das auch und zahlt dafür. Der Preis aber ist, daß er so nicht erleben kann, was er erleben wollte und was ihm das Angebot verspricht.”

Heinrich Harrer

Die Carstensz-Pyramide (5030 m) vom Neuseeland-Paß aus

Blick aus der Nordwandmauer im Carstensz-Gebirge auf die Larson-Seen

Mount McKinley (6193 m) mit der gigantischen Wickersham-Wand, links: Abendstimmung in Gipfelnähe, unten: Lager 2 am heutigen Normalweg

Alaska

Die Berge Alaskas liegen auf einer geographischen Breite vom nördlichsten Europa! Die polare Kälte, der Sturm und plötzliche Schlechtwettereinbrüche sind es, die das Bergsteigen hier gefährlich werden lassen.

Anden und Kordilleren

Die Gipfel der Anden und Kordilleren sind so viele, und sie sind so verschiedenartig! Endlich in diesen Jahrzehnten können wir sie einfach besteigen – ohne den teueren und belastenden Expeditionskram.

An der Eisnase in der Aconcagua-Südwand, ca. 6000 m

unten: Im Eisbruch am Fuße des Yerupaja in der Cordillera Huayhuash

Yerupaja Chico (6121 m) und rechts Jirishanca Grande, 6126 m

unten: Die 3000 m hohe Südwand des Aconcagua im ersten Morgenlicht; der Südpfeiler am Südgipfel ist ein ungelöstes Problem

Sahara

„Die Erde schenkt uns mehr Selbsterkenntnis als alle Bücher, weil sie uns Widerstand leistet", sagt Antoine de Saint-Exupéry, und die Berge sind ein Teil dieser Erde. Wir besteigen sie nicht mehr, um zu forschen oder sie zu erobern, sondern um unser selbst willen, um uns besser kennenzulernen.
Die Entsendung nationaler Gruppen in irgendein fernes Berggebiet hat daher auch nicht mehr viel Sinn, es ist der einzelne, der erleben muß, und nicht eine Gruppe für ein ganzes Volk, für einen Verein, für die anderen. – Und einzelne sind wieder sehr, sehr viele.

Kletterei im Hoggar-Gebirge, Sahara

unten: Mit Kamelen und einem Tuareg im Hoggar-Gebirge

Der Mount Kenya (links der Batian-Gipfel, 5199 m, rechts der Nelion, 5188 m) von Südwesten

Ostafrika

Die Fünftausender Ostafrikas – Kilimandscharo, Mount Kenya, Mawenzi, Ruwenzori – bieten Klettereien in allen denkbaren Schwierigkeiten. Auch logische Erstbegehungen sind noch möglich.

Kletterei in der Mackinder-Route am Mount Kenya, Ostafrika

Blick zum Westsporn des Noshaq, Hindukusch

Pamir und Hindukusch

Obwohl streng reglementiert, bleibt das Bergsteigen in Pamir und Hindukusch eine große, herausfordernde Möglichkeit.

Eine stürmische Nacht im Lager 3 (6050 m)
am Pik Lenin ist vorüber

„An jedem Abend liegen wir im Schlafsack auf den dünnen Matten, und ich höre dem Wind zu, der an den Zeltwänden rüttelt. Der Kamerad atmet oft schwer und unregelmäßig, und die ganze Nacht über hört man den Sturm und ein wirbelndes Geräusch von Schneestaub zwischen den Zelten."

Aus Reinhold Messners Tagebuch

Pik Lenin (7134 m), Nordflanke

Die Westwand des Gasherbrum IV (7925 m), ein verlockendes, aber ungeheuer schwieriges Ziel

Blick vom Manaslu nach Westen zur Annapurna-Gruppe im Hintergrund

Karakorum und Himalaja

Menschen und Götter

In einsamen Bergtälern freue ich mich über jede Begegnung mit anderen Menschen. Ich spreche gerne mit ihnen, suche jenen menschlichen Kontakt, der mir in den Städten durch ein Überangebot oft zuwider ist.

Trägerrast am Baltoro-Gletscher, links im Hintergrund der unbestiegene Mitre-Peak, 6012 m

1

2▼

1 Yak mit Gebetsfahne in Dingboche, Taboche, 6542 m
2 Kriechender Pilger am heiligen Berg Kailas
3 Ama Dablam, 6856 m
4 Machhapuchhare, 6997 m
5 Betender Pilger vor dem heiligen Berg Kailas
6 Die Kangchendzönga-Kette von Norden (8598 m)

3

4

5

6▼

Heilige Berge

Seit Jahrtausenden schon wanderten Hinduisten und Buddhisten viele Wochen weit, um die Gipfel des Himalaja, die Throne der Götter zu sehen. Aber nicht nur im Himalaja, auch in Japan und Südamerika galten oder gelten die Berge bei den Einheimischen als Sitze von Gottheiten, sie werden verehrt und gefürchtet zugleich.

Bei der Erstersteigung des heiligen Berges Kangchendzönga hatten die Engländer 1955 versprochen, den Gipfel selbst nicht zu betreten, sie sollten die Götter nicht stören. Sir Edmund Hillary wurde von der nepalesischen Polizei aus den Bergen geholt und sogar einige Tage eingesperrt, weil er seine Expeditionsmannschaft nicht davon abgehalten hatte, den heiligen Berg Ama Dablam zu besteigen. Der Machhapuchhare und der Gaurisankar sind bis heute noch unbestiegen, weil die nepalesische Regierung keine Genehmigung mehr für einen Versuch erteilt: beide Gipfel gehören zu den heiligsten Nepals. Die Götter und Dämonen des Chomo Lungma (Everest), von dem die Priester schon in der Zwischenkriegszeit geweissagt hatten, daß ihn nur ein Mann besteigen könne, der niemals eine Frau berührt hat, haben nach Aussagen der Sherpa sechs französische Bergsteiger durch Lawinen getötet, weil diese bei der Devouassoux-Expedition 1973 sechs Yaks geschlachtet hatten. Vier Yaks haben Japaner anläßlich der Dhaulagiri-Südwand-Expedition 1975 getötet, vier Bergsteiger stürzten bei der gleichen Expedition tödlich ab. Nach unserer Lawinenkatastrophe im Basislager unter der Lhotse-Südwand, bei der zwei Lawinen unser Ausgangslager völlig vom Erdboden weggefegt hatten, sagten die Sherpa wenigstens einen Toten voraus, weil wir es gewagt hatten, einen Yak zu schlachten. Diese Tiere sind da oben heilig, und die Lawinen seien die Vorboten des Unheils, das die Götter für uns bereithielten, erklärten unsere Hochträger, die im Basislager Tag für Tag zu ihnen beteten.

Weder die Sherpa noch die Talbewohner zeigten Erstaunen oder Trauer, als ich nach dem Abstieg von der erfolgreichen Manaslu-Südwand-Expedition 1972 vom Tod unserer beiden Kameraden berichtete. Ich hatte den Thron der Götter betreten, und diese hatten sich gerächt. Überall dort, wo allein der Glaube noch die Lebensform bestimmt, fürchtet man den Berg und würde es niemals wagen, ihn aus eigenem Antrieb zu besteigen. Wohl krochen zahllose Tibeter unter größten Entsagungen und Schmerzen um den heiligen Berg Kailas in Tibet, um durch diese Pilgerreise später ins Nirwana eingehen zu können; wohl hatten die Inka Opferstätten auf den Andengipfeln errichtet, der Gedanke aber, den Berg um des Berges willen zu umwandern oder zu besteigen, war ihnen fremd, er erschien ihnen sogar frevelhaft.

Wenn wir diese Dinge mit den Augen des Pantheismus betrachten, müssen wir den Einheimischen recht geben, wenn sie die Götter auf den Bergen fürchten. Auch wir, die wir durch viel Erfahrung und beste Ausrüstung gelernt haben, die höchsten und »heiligen« Berge zu besteigen, bleiben winzig klein diesen Größen gegenüber, oft sind wir Stürmen und Lawinen, Steinschlag und Schnee bedingungslos ausgeliefert. Bedingungslos, wie sich die Einheimischen in den Berggebieten Nepals, Baltistans, Tibets und Südamerikas ihren Göttern unterordnen.

Betender Sherpa am Fuße des Lhotse, rechts die Lhotse-Südschulter, auch Lhotse Shar genannt

Die Südwand des Dhaulagiri, undurchstiegen

Die Südwand des Lhotse, undurchstiegen. 1980 blieb Nicolas Jager bei einem Solo-Versu in dieser Wand verschollen.

Die Trango-Gruppe im Karakorum — die Gipfe sind bestiegen, die Wände offen

Neue Ziele

Je mehr in den letzten Jahrzehnten Erstbegehungsmöglichkeiten in den Alpen geschwunden sind, desto mehr taten sich, bedingt durch die weltweiten Flugverbindungen, beste und leichte Ausrüstung sowie sozialen Wohlstand, neue Möglichkeiten in den Bergen der Welt auf. Dort stecken wir jetzt in jener faszinierenden Epoche, die alle großen Pfeiler, Grate und Wände an den Sechs-, Sieben- und Achttausendern möglich erscheinen läßt. Dabei sind die »Probleme« so zahlreich, daß man logische Routen wählen kann und diese für viele Generationen reichen werden.
Sicher, die Wände an den Achttausendern sind großteils schon gemacht, aber die Grate sind fast alle noch frei. Diese werden nicht weniger problematisch sein als die steileren, bereits gekletterten Routen, mehr dem Wind ausgesetzt und vor allem länger, viel, viel länger. Dann gibt es da noch die unbestiegenen Gipfel im Karakorum, in Patagonien, in Alaska und in allen Gebieten des Himalaja, deren Normalwege die höchsten Schwierigkeitsgrade aufweisen werden.
Granitmauern und Eiswände, an denen ich bei meinen Anmärschen oft nur staunend vorbeiging, werden morgen schon die Ziele der Jungen sein: der Pfeiler am Südgipfel des Aconcagua, die Wände an den Payne-Türmen in Patagonien, die Pfeiler des Paju- und des Biaho-Turms im Karakorum, die Wände der drei Kathedralen, die mehr als zweitausend Meter hoch über dem Baltoro-Gletscher aufragen, die Nordabstürze der Mazeno-Mauer im Nanga-Parbat-Gebiet, die Westwand am Gasherbrum IV, sie alle werden einmal die Bedeutung für die Entwicklung des Alpinismus haben, die vor dem Ersten Weltkrieg das Kaisergebirge, später die Dolomiten und heute das Yosemite in Kalifornien darstellen.
Der nächste Schritt wird dann zum Versuch der ganz großen Überschreitungen führen: Aufstieg über den Ostgrat zum Lhotse Shar, weiter zum Gipfel des Lhotse, Abstieg zum Everest-Südsattel, Aufstieg zum Everest-Gipfel mit dem Abstieg über den Westgrat; noch faszinierender wäre die Überschreitung der drei Kangchendzönga-Gipfel von West nach Ost oder von Ost nach West; oder die Überschreitung der drei höchsten Gasherbrums.
Diese Prognosen klingen auch für mich vermessen, nicht nur kühn. Der Alpinismus aber wird sich immer weiterentwickeln, und die letzte Phase wird keine technische und keine Kampf-und-Sieg-Phase sein, sie wird die klassische sein. So wie der Alpinismus angefangen hat, wird er seinen Höhepunkt erreichen und fortbestehen: die Anfänge des Alpenbergsteigens ohne Eroberungsgedanken auf die größten Höhen getragen, die Ausschöpfung einer der vielen Möglichkeiten in unserem Leben.

Die Westflanke des K2, zur Zeit heiß umkämpft

Ausblick aus der Lhotse-Südwand zu den Gipfeln des Ama Dablam, Kangtega, Tamserku

Die heiligen Berge – viele Jahre für Ausländer gesperrt – sind jetzt zugänglich.
Ama Dablam und Gaurisankar sind öfters schon bestiegen!
An beiden gibt es faszinierende Wandprobleme zu lösen.

Gaurisankar, 7145 m, ein heiliger Berg in Nepal

Expeditionen – morgen

Der Lhotse von Südosten, 8511 m

»Wollte ich die Grenzen, die ich im klassischen Bergsteigen erreicht habe, weiter nach oben rücken, müßte ich eine neue Dimension einführen: die größten Höhen. Ich müßte dann im Himalaja dasselbe verwirklichen, was ich in den Alpen gemacht habe, das heißt reinen Alpinismus in achttausend Meter Meereshöhe; zuerst würde ich wahrscheinlich einen Achttausenderriesen ohne Sauerstoffgeräte und ohne die von Mannschaften erstellten Hochlager, nur mit einfachen Biwaks, angehen; dann würde ich da oben einen Alleingang wagen; später einen Alleingang im Winter; zuletzt eine winterliche Erstbegehung an einer schwierigen Achttausenderflanke im Alleingang.«

Walter Bonatti
(aus »I Giorni Grandi«)

Die größten Wände
der höchsten Berge
sind eine Herausforderu
und ich nehme sie an.

Extrem schwierige Kletterei im oberen Teil der Lhotse-Südwand

Die Pfeiler der zentralen Lhotse-Südwand aus 7400 m Meereshöhe fotografiert

Die Lhotse-Südwand im Jahre 2002

Vier Wochen lang hatten sich die vier Bergsteiger am Fuße der Lhotse-Südwand zur Akklimatisation aufgehalten. Dabei hatten sie den Island Peak und den Nuptse bestiegen und waren nun so an die Höhe angepaßt, daß sie bei der nächsten Schönwetterperiode in die Wand gehen wollten. Sie hatten mit Absicht auf die Nachmonsunzeit gewartet, um einerseits das bessere Wetter, andererseits die besseren Verhältnisse in der Wand ausnützen zu können. Die Sauerstoffgeräte, die es erst seit ein paar Jahren gab, wogen fast nichts und erlaubten es, Schnee in Brennstoff und Sauerstoff zu spalten.
Technisch hatten sich die beiden Amerikaner am Mount McKinley und in Patagonien auf die Lhotse-Südwand vorbereitet, die beiden Europäer hatten die Eiger-Nordwand, den Walkerpfeiler und den Peutereygrat in zehn aufeinanderfolgenden Tagen im Winter durchstiegen. Viel schwieriger konnte die dreieinhalbtausend Meter hohe Südwand des Lhotse auch nicht sein, nur gab es da den fürchterlichen Wind, der von Süden her in diese senkrechte Mauer fiel und lockere Steine loslöste, an den Graten heulte. Auch die Höhe kam dazu. Aber diese sollte mit Hilfe der modernen Sauerstoffgeräte überwunden werden, die nachts immer und beim Steigen im leichten und mittelschwierigen Gelände eingesetzt werden konnten. In den ersten Oktobertagen des Jahres 2002 verließen die vier Kletterer ihr winziges Basislager. Sie ließen dort die beiden Sherpa-Köche zurück, die versprochen hatten, das Material in der Zwischenzeit unter den Khumbu-Eisfall hinaufzuschaffen. In zwei Seilschaften kletterten sie links der Gipfelfallinie aufwärts, hielten auf einen schwach ausgeprägten Pfeiler zu, der sich in der Wandmitte in graugelben Überhängen verliert. Mit ihren leichten Rucksäcken — sie trugen, Titanhaken, Seile und Kochgeschirr inbegriffen, elfeinhalb Kilogramm pro Mann — kamen sie über den steinschlaggefährlichen Gürtel schnell hinweg und querten am Abend des ersten Tages viele Seillängen weit nach rechts zum Fuß einer schwarzen Felswand, wo sie, durch Überhänge geschützt, einen günstigen Biwakplatz vorfanden. Sie bliesen ihre beiden Zelte auf, produzierten Brennstoff und begannen in den Zelten liegend zu kochen. Am nächsten Morgen verließen sie den Biwakplatz mit den ersten Sonnenstrahlen, die sie in der Wand trafen. Sie querten nochmals nach rechts und blieben dann am linken Rand jener unheimlich steilen Riesenrampe, die nach links aufwärts zieht. Die Kletterei war sehr schwierig, der Fels brüchig, und es war problematisch, gute Standplätze zu bauen. Die Europäer, die jetzt führten, schlugen die Haken ein, die Amerikaner, die am zweiten Seil, das die erste Seilschaft jeweils am Standplatz fixierte, mit Steigklemmen nachstiegen, nahmen die Haken wieder mit. An diesem zweiten Klettertag konnte die Vierergruppe jenen schwach ausgeprägten Felspfeiler erreichen, der wie ein Wulst vom großen Trichter links unterhalb des Gipfels herunterzieht und sich in der überhängenden Wand verliert. Es war äußerst ausgesetzt und deshalb ging alles sehr langsam. Man konnte für diese Nacht nur hocken und die Zelte wie eine Glocke über sich spannen. Der Biwakplatz war nicht nur eng, sondern auch abschüssig, der Schnee, der für die Brennstoff- und Sauerstoffgewinnung im Inneren des Zeltiglus lag, nahm ein Drittel des Platzes weg. Steif und müde nahmen die vier am nächsten Vormittag die Kletterei wieder auf. Der harte Firn, der hier auf den Felsplatten lag, erlaubte ein relativ schnelles Steigen, schneien aber durfte es nicht, denn jeder größere Schneerutsch hätte die Mannschaft wohl aus der Wand gefegt. Ein unangenehmer Gedanke, und wenn die vier davon sprachen, lobten sie ihr Glück, die Tatsache, daß sie dem Steinschlag entgangen waren, der fast ununterbrochen diese Wand bedroht. Jetzt gab es kaum noch Steinschlaggefahr, sie querten nämlich unter der senkrechten, dreieckigen Gipfelwand auf abschüssigen Schneebändern nach rechts und bezogen in einer winzigen Scharte an der Kante des linken Zentralpfeilers der Lhotse-Südwand, 8250 m hoch, ihr drittes Biwak. Dieses war wieder angenehm, man konnte sich bewegen, Schneeklötze zusammentragen und war vor dem Wind geschützt, der die Wand in der Nacht aufheulen ließ wie die Brandung am Meer. Der steile Felsgrat, der von der Biwakstelle hinaufzieht zum linken Horn des Lhotse-Gipfels, war schwierig und kostete einen ganzen Tag harten Einsatz. Bevor die vier am späten Nachmittag des vierten Klettertages die Scharte zwischen den beiden Gipfelhörnern erreichten, wußten sie schon, daß sie dort biwakieren müßten, denn für einen Nachtaufstieg war der brüchige Fels und der Preßschnee an den letzten Seillängen zu gefährlich. Dieses vierte Biwak war mit Sicherheit das härteste, und hätten sie ihre winzigen Zelte nicht eingegraben, der Sturm hätte sie von der Stelle gefegt. Der Gang zum Gipfel am nächsten Tag und der Abstieg über jene schmale Rinne an der

Nordseite, die 1956 von den Schweizern bei der Erstbesteigung dieses vierthöchsten Berges der Welt als Route (im Auf- und Abstieg) benutzt worden war, brachte keinerlei Probleme, und unten im Tal des Schweigens — im Hochtal zwischen Lhotse und Everest — lagerte eine japanische Expedition, die den Everest von Ost nach West überschreiten wollte. Der Eisfall war deshalb versichert, und nach einem Rasttag mit den Japanern stieg die Viererseilschaft, der eine Pioniertat in der Geschichte des Alpinismus gelungen war, wie es einige Zeitungen eine Woche später formulieren sollten, über diesen hinunter zum üblichen Everest-Basecamp, wo ihre beiden Sherpa auf sie warteten.

Everest by fair means

Diesen Aufsatz habe ich, wie auch das Kapitel »Die Grenze des Alpinismus«, 1976 geschrieben, also noch bevor ich 1978 den Mount Everest ohne Sauerstoffgerät und den Nanga Parbat allein besteigen konnte. Diese beiden Abenteuer haben die Idee zu einer neuen, noch kühneren Möglichkeit in mir geweckt — den Aufstieg zum Gipfel des Mount Everest über die seit langem verbotene, wenig erforschte Nordseite, allein, bei den denkbar schlechtesten Bedingungen, während der Monsunzeit also. Dieser Plan — von vielen als Wahnsinn abgetan — ist nur ein Schritt weiter zum Vorhaben »Everest by fair means«, das ich 1972 erstmals formulierte und das bis zum Gelingen von nahezu allen Bergsteigern für unmöglich gehalten worden war.

»Den Mount Everest ohne Sauerstoffgeräte zu besteigen, hat einen besonderen Reiz. Vielleicht ist es gar nicht möglich, ohne körperliche und geistige Schäden die Höhe von 8500 m zu überschreiten, vielleicht ist es der Wille, der da oben versagt, stirbt, und gar kein Steigen bis zum Schaden möglich macht. Bei der richtigen Taktik und einer jahrelangen Vorbereitung müßte es nach meinem Dafürhalten eine winzige Chance geben, daß ein erfahrener, gut akklimatisierter und trainierter Bergsteiger auch den Gipfel des Everest ohne künstlichen Sauerstoff erreichen kann. Bei diesem Spiel interessiert mich nicht der Höhenrekord, sondern in erster Linie die Frage, ob der Mensch ohne technische Hilfsmittel fähig ist, den höchsten Punkt unserer Erde zu erreichen.

Die Engländer, die als erste den Everest versucht haben, haben anfänglich auch keine Sauerstoffgeräte benützt. Die Höhen, in die sie dabei vordrangen, sind bis heute immer noch die höchsten von Menschen ohne Sauerstoffhilfen je erreichten. Es ist allerdings ein Unterschied, ob an einem Berg der Gipfel oder eben nur eine bestimmte Höhe erreicht wird. Der höchste bis heute ohne Sauerstoffgerät bestiegene Achttausender ist der Makalu, 8471 m. In der Nachmonsunzeit 1975 führte Aleš Kunaver eine jugoslawische Expedition zur Makalu-Südwand. Manfreda Marjan erreichte dabei den Gipfel ohne Zuhilfenahme von Sauerstoffgeräten. Allerdings war er mit einem solchen Gerät vom letzten Lager aufgebrochen und hatte dieses seinem Freund Stane Belak gegeben, dessen Apparat ausgefallen war. Ähnlich wie Marjan haben aber schon die Italiener Compagnoni und Lacedelli 1954 am K 2 die letzten Meter auf zusätzlichen Sauerstoff aus der Flasche verzichten müssen, da ihnen dieser ausgegangen war. Allerdings handelte es sich beim 8611 m hohen K 2 um wenige Höhenmeter, beim Makalu waren es entschieden mehr gewesen. Beide Male aber war künstlicher Sauerstoff im Spiel, wenn dieser auch vor dem Gipfel ausgegangen war. Unter einer Besteigung mit fairen Mitteln aber, »by fair means« also, verstehe ich den freiwilligen Verzicht auf Schlaf- und Gehsauerstoff, den Versuch also, vom Basislager bis zum Gipfel ohne auszukommen. Natürlich ist es sinnvoll, bei einer solchen Besteigung Sauerstoffgeräte für den Notfall mitzuführen, sozusagen als Medikament, wie auch gefäßerweiternde Mittel und Kopfwehtabletten in der Apotheke sein sollten.

Ich bin sicher, daß auch der Everest eines Tages in dem Stil angegangen wird wie heute der Montblanc. Wenn der Everest ‚by fair means' möglich ist, sind alle Berge auf dieser Welt ‚by fair means' ersteigbar.«

Das Tabu »Everest ohne Maske« ist gefallen. Am 8. Mai 1978 standen Peter Habeler und ich am höchsten natürlichen Punkt der Erde, ohne je beim Aufstieg Sauerstoff aus der Flasche geatmet zu haben. Aber damals schon, nach der Rückkehr, war mir klar, daß es einmal viel schwieriger sein wird, auf die Hilfe der einheimischen Hochträger zu verzichten als auf die Technik. — »Everest-Solo« heißt die Herausforderung, die mich jetzt nach Tibet, in den Himalaja lockt!

C.A.I.
C.A.I.

Wo führt das hin?

Bis vor einem Vierteljahrhundert galten die höchsten Berge der Welt vielfach noch als unersteigbar. Hermann Buhl war der erste Mensch, der dann gleich zwei Achttausender bezwang. Der Italiener Guido Monzino hat eine italienische Militärexpedition am Normalweg des Everest zum Erfolg geführt: Aufwand einige Milliarden Lire, 110 Tonnen Material, zwei Hubschrauber, von denen einer in 6400 m Höhe zerschellte und ersetzt wurde, 62 Bergsteiger und mehr als 100 Sherpa-Hochträger.
Zwei Jahre später erreichten Peter Habeler und ich den Gipfel des Hidden Peak über seine Nordwestwand: Kosten weniger als 20.000 DM, alles in allem 200 kg Gepäck.
Jedem steht es frei, eine Expedition so oder so durchzuführen. Das Sinnvolle daran sehe ich heute allerdings nur mehr in der sportlich-spielerischen Auseinandersetzung einer kleinen Gruppe von Bergsteigern mit den großen und größten Bergen der Welt. Das setzt aber einen freiwilligen Verzicht auf einen Großteil unserer technischen Errungenschaften voraus, die Bereitschaft zum Selbermachen und den Mut, sich ins Ungewisse zu wagen.

Träger- und Yakkolonne auf dem Weg nach Chukhung, Solu Khumbu, Nepal

Hubschrauber oder Träger

Als Peter Habeler und ich nach der erfolgreichen Hidden-Peak-Expedition mit schweren Rucksäcken zum Concordia-Platz am Ende des Baltoro-Gletschers herunterkamen, sagten wir uns häufig: »Einmal und nie wieder!« Die Rucksäcke drückten schwer auf unsere Schultern, der Schutt schien endlos zu sein. Wir beschlossen damals, erst dann wieder zu den Achttausendern des Karakorum aufsteigen zu wollen, wenn es eine Hubschrauberverbindung ins Basislager geben wird, wenn die aufreibende Strecke von Skardu über Askole und den mehr als fünfzig Kilometer langen Baltoro-Gletscher nicht mehr mit einer Trägerkarawane zurückgelegt werden muß.
Ob der Hubschrauber in Zukunft die Anmarschwege erleichtern und jede Expedition noch einfacher machen wird? In Nepal ist er öfters schon eingesetzt worden, als Transportmittel, für einen Teil der Mannschaft und für Nachschub. Das pakistanische Heer weigert sich vorläufig, bis in den hintersten Winkel des Karakorum-Gebirges zu fliegen, aus Angst, nicht mehr herauszukommen. Ob private Fluggesellschaften es wagen würden? Ob es nicht vielleicht noch billiger wäre, tausend oder zweitausend Kilogramm Gepäck hundert Kilometer bis an den Fuß eines Berges zu fliegen, als sie durch gefährliche Schluchten, reißende Bäche und über nicht enden wollende Gletscherströme bis dorthin schleppen zu lassen?
Ein Flug mit dem Hubschrauber ins Basislager würde sicherlich viel Zeit sparen helfen, eine langsame Akklimatisation allerdings wäre dabei unmöglich und das Erlebnis, sich mit einer kleinen Trägerkolonne Tag für Tag weiterzuschieben, der Kontakt mit der einheimischen Bergbevölkerung gingen vollkommen verloren. Vielleicht bin ich bei meiner ersten Expedition in erster Linie des Berges wegen aufgebrochen, damals faszinierte mich der Gipfel, die Wand. Den Anmarsch habe ich damals als notwendiges Übel in Kauf genommen, um überhaupt an den Berg heranzukommen. Inzwischen haben sich meine Interessen völlig verschoben. Es sind die letzten Dörfer, die mich interessieren, die Lebensweise der Einheimischen und vor allem die Träger mit ihrem Gebaren untereinander und uns gegenüber. Die tiefgreifendste Erfahrung aber bei einem Anmarsch ist das Erlebnis, wenn sich bei langen Märschen die Seele auftut für die fremde Landschaft, die man nach und nach mit allen Sinnen aufnimmt, die eine innere Gelöstheit hervorruft, ähnlich der Meditation. Mir bedeutet ein solcher Anmarsch ebensoviel wie der Gipfel selbst, den ich ohne die dabei gewonnene Ruhe und Ausgeglichenheit wahrscheinlich gar nicht erreichen könnte.
Nach Rawalpindi zurückgekehrt, habe ich gleich um eine neue Expeditionsgenehmigung im Karakorum nachgesucht, auch wenn es dort in zehn Jahren noch keine Hubschrauberverbindung geben wird. Oder vielleicht gerade deswegen.

Hängebrücke in Sikkim, 1899 von Vittorio Sella aufgenommen

Die Grenze des Alpinismus

Die imaginäre Grenze des Alpinismus ist da, es gibt sie, seit es den Menschen gibt, und damit die Möglichkeit einer Auseinandersetzung Mensch—Berg. Diese Grenze ist keine Folge einer bergsteigerischen Entwicklung, sie beeinflußt diese aber, und die Bergsteiger bemühten sich — als große Gemeinschaft gesehen — immer wieder, dieser Grenze näherzukommen.
Ich sage hier »imaginäre Grenze«, weil wir sie vorerst nur denken können, weil der Mensch vielleicht zu klein ist, um sie zu erreichen. Sie ist gegeben durch den höchsten Berg mit seiner schwierigsten, unbestiegenen Wand und den Alleingeher ohne die heute bereits üblichen technischen Hilfsmittel wie Sauerstoffgeräte, Seil, Haken, Hochlager und Materialaufzüge.
So vermessen der Plan, den Mount Everest allein zu besteigen, für viele auch scheinen mag, er ist faszinierend, eine der letzten großen Herausforderungen, die nach hundert Jahren Expeditionsbergsteigen übriggeblieben sind. Dabei ist weniger das bergsteigerische Können die fragliche Komponente, auch nicht der Berg selbst, als vielmehr die Psyche des Menschen, der sich in diesem Fall allein, bei größter physischer Anstrengung, Schritt für Schritt in eine lebensfeindliche, völlig tote Umwelt begibt und mit jedem Meter, den er sich vorwärtskämpft, zwei Meter von der übrigen Menschheit und eventuellen Rettern entfernt.
Mehreren ist es schon gelungen, die Erde allein zu umsegeln. Der Japaner Uemura ist allein im Hundeschlitten zum Südpol unterwegs und Walter Bonatti hat nicht nur die winterliche Matterhorn-Nordwand allein durchstiegen, er ist wochenlang allein durch die Wüste marschiert. Der Alleingeher auf einen Achttausender aber hat, abgesehen von den technischen Schwierigkeiten, die er sicher überwinden muß, gegen die völlige Einsamkeit, die Kälte, Ungewißheit und in erster Linie gegen die Weigerung seines Körpers anzukämpfen: eine Müdigkeit, die — ausgelöst durch die sauerstoffarme Luft, die die Muskeln und den Willen gleichzeitig erlahmen läßt — zunimmt mit der Höhe, der Einsamkeit und der Gefahr, nicht mehr herunterzukommen. Es ist leicht, unter den Anfeuerungsrufen von Tausenden für kurze Zeit sein Letztes zu geben, es ist sogar verführerisch — beim Abfahrtslauf oder Autorennen —, die Geschwindigkeit über die Grenze des Verantwortbaren zu steigern, wenn es ums Gewinnen geht. Es ist schon schwieriger, ohne Gegner und ohne Zuschauermenge eine sportliche Höchstleistung anzustreben, und es ist fast unmöglich, eine solche Leistung im menschlichen Grenzbereich, allein, am Ende der Welt, Hunderte von

Der Siniolchu vom Zemu-Gletscher aus, Sikkim

Kilometern von den nächsten Menschen entfernt, durchzuhalten: kein Publikum, kein Fernsehteam, kein aufmunternder Blick, kein freundliches Wort eines Kameraden . . . keine Chance für den geringsten Gedankenaustausch. In dieser Situation geht es nicht mehr darum, Bilder für einen Bericht zu belichten, auch klettert in diesem Grenzbereich niemand weiter, um sein Abenteuer später vermarkten zu können. Solche Vorstellungen verflüchtigen sich spätestens bei den ersten ernstlichen Schwierigkeiten und Gefahren. Was oben als letzte treibende Kraft noch bleibt, ist einerseits der Gipfel, andererseits der elementare Wille, ihn zu erreichen und damit die eigene Grenze kennenzulernen, noch mehr aber der Wunsch, unversehrt aus dieser Auseinandersetzung hervorzugehen.
Die Idee von der Grenze des Alpinismus führt unwillkürlich zur Suche nach der Grenze in uns selbst. Diese psychisch-physische Grenze nun ist natürlich bei jedem von uns verschieden und wir suchen deshalb an verschieden schwierigen, an verschieden hohen Bergen, das Erlebnis aber ist in der Grenzsituation — stets unter dem Gesetz der Disziplin des Risikos — dasselbe: für den Trekker wie für den Extrembergsteiger, für jeden, der diese seine Grenze sucht.

„Wer nur und nichts als Bergsteiger bleibt, der hat sich nicht weiterentwickelt. Die Bergvölker, die Landschaft, ihre Menschen, die Blumen geben mir längst mehr als das vielberedete, ganz sicher sehr relative Gipfelglück."

Heinrich Harrer

Kangtega und Tamserku vom Kloster Tengboche aus, Solu Khumbu

Praktische Durchführung

In diesem Buch habe ich nur jene Gebiete behandelt, die heute noch eine Expedition möglich machen, das heißt Berggruppen, über die es keine Führer gibt, wo es keine richtigen Hütten oder Biwakschachteln, keine unmittelbaren Straßenverbindungen gibt. Ich habe auch jene Gebirge ausgeklammert, die hauptsächlich von lokalen Bergsteigern erschlossen worden sind und für diese dieselbe Bedeutung haben wie für die Mitteleuropäer die Alpen. Ich denke dabei an Neuseeland, den Yosemite-Nationalpark in Kalifornien, die Berge Japans und Norwegens, die Drakensberge in Südafrika.

Obwohl der Alpinismus heute eine weltweite Bewegung ist, die Südamerikaner wie die Chinesen oder Inder — wenn auch noch in beschränktem Maße — ebenso bergsteigen wie Perser, Engländer, Japaner oder Deutsche, kann man doch ganz deutlich zwischen Expeditionsbergsteigen und Bergsteigen unterscheiden, und dies, obwohl heute eine Expedition nicht mehr dasselbe ist wie vor zwanzig, fünfzig oder hundert Jahren.

In diesem Anhang nun gebe ich Hinweise und Ratschläge für das Expeditionsbergsteigen in aller Welt, so daß jeder sein eigenes Unternehmen planen und durchführen kann. Ausgeklammert habe ich allein jene Berggebiete, die heute für den Bergsteiger aus anderen Ländern unzugänglich sind, wie Tibet, die Bergwelt Bhutans, große Teile Sikkims und der UdSSR.

Die **Planung einer Expedition** beginnt meist Monate, ja Jahre vor dem vorgesehenen Start. Es müssen Unterlagen über das gewählte Gebiet beschafft werden sowie eine entsprechende Ausrüstungsliste erstellt werden. Was die **Literatur** über die Weltberge betrifft, so muß leider festgestellt werden, daß diese heute lückenhaft ist. Es ist unmöglich geworden, bei der großen Anzahl der jährlichen Expeditionen und Trekkings in fast alle Berggebiete der Erde, eine genaue Chronik zu führen.

Die **Ausrüstung und die Kosten** einer Expedition richten sich einmal nach dem Ziel, das verschieden hoch und verschieden schwierig sein kann, und dann nach dem Stil der Expedition. Dabei ist der Aufwand an Material und Menschen die Basis für jede Berechnung, je mehr Material (Nahrungsmittel, Ausrüstung) mitgeführt werden muß, desto mehr Träger braucht man. Dementsprechend länger dauert auch die Expedition. Es gibt heute schon Richtgrößen, die bei kleinstmöglichem Gewicht den größtmöglichen Erfolg garantieren. Für ein Trekking kommt man normalerweise mit den zwanzig Kilogramm Freigepäck, die jeder im Flugzeug mitführen kann, aus. Nahrungsmittel können fast überall an Ort und Stelle gekauft werden. Für eine Expedition zu einem Sechstausender braucht man wenigstens zehn Kilogramm an Mehrgewicht für die spezielle Kletterausrüstung, die Ausrüstung für die Hochträger, wenn solche notwendig sind, und natürlich ein Mehr an Nahrungsmitteln, wenn der Berg einen langen Anmarsch erfordert.

Normalerweise müssen die Talträger für den Anmarsch nicht ausgerüstet werden. Es empfiehlt sich allerdings, für lange Gletscherüberquerungen Schuhwerk für sie einzukaufen (Karakorum, teilweise Nepal). Ob Lasttiere geeigneter sind als Kulis, erfährt man meist auch an Ort und Stelle, ebenso die Preise für die Träger, die sich in den letzten Jahren ständig erhöht haben.

Für einige wichtige Länder braucht man eine **Expeditionsgenehmigung,** um überhaupt bergsteigen zu dürfen. In Argentinien ist eine solche Genehmigung vorläufig nur für den Aconcagua notwendig. Sie kostet nichts als gute Nerven bei der entsprechenden medizinischen und vor allem polizeilichen Untersuchung, der sich jede Expedition in Mendoza zu unterwerfen hat. Eine Expeditionsgenehmigung braucht man vorläufig auch für das Carstensz-Gebirge in Neuguinea und für die Staaten Afghanistan, Pakistan, Nepal und Indien. Da sich die Bestimmungen meist Jahr für Jahr ändern, empfiehlt es sich, vor jeder Expedition bei der entsprechenden Botschaft Unterlagen anzufordern (Rules of mountaineering).

Die nachstehende Tabelle gibt eine Übersicht über Expeditions- und Trekkingsmöglichkeiten in aller Welt, sie soll dem Anfänger die grundsätzliche Wahl seines Zieles erleichtern. Er findet darin, **wann, wie, wohin** er bei seinen Voraussetzungen (in finanzieller und bergsteigerischer Hinsicht) fahren kann.

So wie es bei der Planung und Vorbereitung einer Expedition auf **Organisations- und Improvisationstalent** ankommt, kommt es bei der Expedition selbst vielfach wieder auf diese beiden Eigenschaften an. Die Fähigkeiten, soviel wie möglich selbst zu machen, mit wenig auszukommen, mit den Einheimischen umgehen zu können, sind wichtiger für das Gelingen einer Expedition als viel Geld, das nur scheinbar alles möglich macht.

Ratschläge vom Arzt

Bei den meisten meiner Expeditionen war ein Arzt dabei, und ich bin heute der Überzeugung, daß der **Arzt der wichtigste Expeditionsteilnehmer** ist. Für den Fall, daß keiner zur Verfügung steht, sollte er wenigstens die **Zusammenstellung der Medikamente** übernehmen. Die Ratschläge, die ich selbst von Expeditionsärzten erhielt, gebe ich für den Ausnahmefall, daß keiner dabei ist — ergänzt durch meine Erfahrungen —, hier wieder.

Tropenmedizinische Aspekte und die allgemeinen **Regeln der Touristikmedizin** bilden die Basis dieser Ratschläge. Nicht weil viele Länder für den internationalen Reiseverkehr einen **Impfpaß** (Pocken, Cholera, evtl. Gelbfieber und Typhus) fordern, sondern weil zur Prophylaxe von Erkrankungen und Verletzungen Impfungen vor jeder Expedition sinnvoll sind, empfehle ich einen genauen **Impfplan** einzuhalten. Normalerweise reichen Gelbfieber- und Choleraimpfung (5 Wochen vor Abreise), Pockenschutzimpfung und Tetanusimpfung (2 bis 3 Wochen vor Abreise); zur Vorbeugung einer Malariainfektion sowie gegen Typhus und Paratyphus, evtl. auch gegen Hepatitis, empfiehlt es sich, je nach Expeditionsziel und Absprache mit dem Arzt vor und während der Expedition entsprechende Präparate anzuwenden.

Eine **Vor- und Nachuntersuchung** gehört ebenfalls zur Expedition wie ein entsprechendes Training und die geistige Einstellung. Dabei ist es wichtig, neben einer gründlichen internistischen Untersuchung die Zähne kontrollieren zu lassen und Schäden zu reparieren sowie den Körper auf seine Herz- und Kreislauffunktionen hin überprüfen zu lassen.

Während der Expedition selbst empfiehlt es sich, in allen unterentwickelten Ländern kein normales Brunnen- oder Leitungswasser zu trinken, keinen Salat und kein Obst mit der Schale zu essen und nicht in stehenden Gewässern zu baden. **Wasser** muß weit über die bewohnten Zonen hinaus mindestens 20 Minuten lang **abgekocht** werden bzw. chemisch desinfiziert werden (Kaliumpermanganat).

Um sich nachts vor Skorpionen und Spinnen zu schützen, empfiehlt es sich, beim Anmarsch die Nähe von Bäumen zu meiden und eine genügend große Plastikfolie als Unterlage beim Biwak zu benützen.

Soweit man sich bei den Einheimischen und wie sie ernährt, sollte man ungekochte Milch, aufgewärmte Speisen, nicht gargebratenes Fleisch meiden.

Um starken, anhaltenden **Durchfällen** vorzubeugen — ein Leiden, das häufig Expeditionsbergsteiger schwächt —, nimmt man täglich Ferment- und Säurepräparate sowie ein Mittel gegen Blähungen.

Während des Anmarsches und vor allem während der Besteigung ist es von größter Wichtigkeit, **soviel wie möglich zu trinken,** um den Salz-Wasser-Haushalt im Gleichgewicht zu halten. In den letzten Hochlagern pflege ich neben den Getränken, die morgens, untertags und abends konsumiert werden, über dem dampfenden Tee- und Suppenkessel zu inhalieren.

Wenn in einem Hochlager, das erstmals erreicht wird, **Kopfschmerzen** auftreten, bedeutet dies meist, daß man noch nicht genügend akklimatisiert ist für die entsprechende Höhe. Das Hochlager soll erst dann überschritten werden, wenn die Kopfschmerzen abgeklungen sind. Wenn sie nach ein bis zwei Nächten nicht von selbst abnehmen, empfiehlt es sich, ins Basislager abzusteigen.

Daß Gletscherbrillen (95% absorbierende Gläser) und **Sonnenschutzcreme** (Lichtschutzfaktor 6) sowie spezielle **Lippenschutzsalben** benützt werden müssen, ist selbstverständlich.

Der häufig auftretende **Höhenhusten** (Reizhusten) kann am besten mit Lutschtabletten behandelt werden.

Um die **Eindickung des Blutes** (hervorgerufen durch die vermehrten roten Blutkörperchen) und damit **Erfrierungen** soweit wie möglich zu vermeiden, gibt es heute Infusionen und Tabletten, deren Verwendung ein erfahrener Arzt von Fall zu Fall bestimmen muß.

Bei der klassischen Expedition soll **in jedem Hochlager eine vollständige Apotheke** liegen. Die alleinstehende Seilschaft führt eine solche immer als Rucksackapotheke mit sich. In jedem Fall sollte man eine Reserveapotheke mitnehmen.

Die Verwendung von **Sauerstoff** ist dann notwendig, wenn sich ein Bergsteiger mehr als einen Tag in der Todeszone aufhält. Meist wird, was ich aus sportlichen Motiven ablehne, zusätzlicher Sauerstoff bei Expeditionen nicht aus therapeutischen Gründen mitgeführt, sondern als Garant für den Gipfel. Auch dann, wenn eine Expedition auf das **Sauerstoffgerät** als Steighilfe verzichtet, sollte sie solche Geräte **für den Notfall** wenigstens in den oberen Lagern und im Basislager dabeihaben. Oft ist allein die Zufuhr von künstlichem Sauerstoff noch lebensrettend. So zum Beispiel beim **Lungenhöhenödem** (Blutflüssigkeit dringt in die Lungenbläschen, erschwert die Atmung und kann rasch zum Tod führen) oder bei totaler Erschöpfung.

Die Ausrüstung

Bei der Zusammenstellung der Ausrüstung mache ich einen grundsätzlichen Unterschied zwischen Expedition und Trekking. Da man sich bei einer Expedition meist länger im Basislager (BL) aufhält und von dort aus auf- und absteigt, ergeben sich, im Gegensatz zum Trekking, bei dem man meist Tag für Tag den Lagerplatz wechselt und nur zwischendurch einen kleineren leichten Berg besteigt, verschiedene Checklisten. Natürlich sind diese Listen nicht als Muß aufzufassen, sie sollen ein Leitfaden sein und können bei kleineren Unternehmungen dementsprechend verkürzt werden. Die Kunst besteht immer darin, bei der kleinstmöglichen Ausrüstungsliste nichts zu vergessen.
Die Wahl der Ausrüstungsgegenstände hängt wohl von den persönlichen Erfahrungen mit bestimmten Produkten ab, zudem sollen das Gewicht und die Haltbarkeit eine Rolle spielen. Das Beste ist gerade gut genug.
Ich persönlich bevorzuge für die Reise Jeans und keine Bergsteigerkleidung, für den Anmarsch in den meisten Gebieten Shorts und Baseballschule, solange das Wetter gut ist, sonst eine lange Hose oder eine leichte Bundhose und weiche Leichtbergschuhe. Bei Regen ziehe ich mir einfach einen wasserdichten Überanzug an, der oft auch beim Überqueren von Gletscherbächen das Ideale ist. Die Pullover mag ich lang, ebenso die Daunenjacke. Die Schuhe müssen erst ab 6000 m doppelt oder dreifach sein. Am Mount McKinley gibt es einen ausgezeichneten, kälteerprobten Schuh.

Ausrüstung einst und jetzt

Das Thema »Ausrüstung einst und jetzt« ist ein heiß diskutiertes. Sicher, die Zelte waren viel schwerer, die Seile wurden steif im weichen Schnee, Doppelschuhe gab es noch nicht. Und doch bin ich überzeugt, daß heute der Erfolg einer Himalaja-Tour weniger von der besseren oder schlechteren Ausrüstung abhängt als vielmehr von der Erfahrung, die in der Anfangszeit erst gesammelt werden mußte. — Diese half mir beim Solo-Aufstieg am Nanga Parbat, nicht das Perlonseil, das verbesserte Sauerstoffgerät oder der Pickel, weil ich die meisten dieser modernen Ausrüstungsgegenstände von vorneherein daheim ließ.

Ausrüstung für Trekkings

Für die Reise:

Seesack
Flugreisetasche
Reisehosen
Jeans
Shorts
Badebekleidung
Leichte Schuhe
Schlafanzug
Trainingsanzug
Taschentücher
Reisepaß
Impfscheine
Fotoapparat
Filme
Kartenmaterial
Geld
Vitamin- und
Kohletabletten

Bergbekleidung:

Berghosen (fest, lang)
Pullover (dick)
Wollhemden
Wollstrümpfe
Wollunterwäsche
Anorak
Sturmanzug
Daunenjacke
Wollmütze
Sturmhaube
Regenumhang
Wollhandschuhe, 2 Paar
Überhandschuhe
Lederhandschuhe
Doppelbergschuhe
Gamaschen

Bergausrüstung:

Rucksack
Daunenschlafsack
Thermosflasche
Wasserflasche
Gletscherbrille
Reepschnur (4 m, 6 mm)
2 Karabiner
Kompaß
Höhenmesser
Eispickel
Steigeisen
Biwaksack
Lippenschutz
Heftpflaster
Rucksackapotheke
mit Schmerztabletten

Allgemeines:

Sonnenhut
Schreibzeug
Mehrzweckmesser
Schere
Sturmhölzer
Plastikteller
Besteck
Dosenöffner
Becher
Sonnenbrille
und Reservebrille
Taschenlampe
Stirnlampe
Ersatzbatterie
Sicherheitsnadeln
Nähzeug
Wasch-/Rasierzeug
Handtücher
Schuhputzzeug

Ausrüstung für Expeditionen

Persönliche Ausrüstung:

Socken
Kniestrümpfe
Unterhosen, lang
Unterhosen, kurz
Unterhemden
Hemden
Pullover
Halstuch
Kniebundhose
Lange Berghose, Loden
Überhose
Sonnenhut
Wollmützen
Sturmhaube
Handschuhe, gewalkt
Seidenhandschuhe
Daunenhandschuhe
Überhandschuhe
Überanorak
Gamaschen
Sturmanzug
Sonnenbrille
Sturmbrille
Bergschuhe, leicht
Expeditionsschuhe
Turnschuhe (Baseball)
Taschentücher
Rucksack
Tragekraxe mit Sack
Toilettenzeug
Handtücher
Steigeisen
Pickel oder Eisbeil
Steinschlaghelm
Taschenmesser
Stirnlampe
Feldflasche
Bussole
Höhenmesser
Daunenjacke
Daunenschlafsack
Klettergürtel
Sitzgürtel
1 Dtzd. Paßbilder

Gemeinsame Gebirgsausrüstung

Basislagerzelte
Hochlagerzelte
Plastikplanen
Liegematten
Kocher
Brennmaterial
Federwaage
Seile
Kletterband
Reepschnüre
Eishaken
Eisschrauben
Felshaken
Kletterhammer
Klemmkeile
Karabiner
Eisstichel
Schaufeln
Lawinensonden
Jumar-Steigbügel
Thermometer
Markierungsfähnchen
Biwaksäcke
NRC-Decken

Küchenmaterial:

Gaskocher
Gas
Benzinkocher
Benzinkanister
Wasserkanister
Schüsseln
Dosen
Teekessel
Alutöpfe
Bratpfannen
Kochtöpfe
Drucktöpfe
Spülmittel
Geschirrtücher
Schöpfer
Kochlöffel
Trichter
Siebe
Bestecke
Teller
Zündhölzer

Allgemeines:

Nähzeug
Kerzen
Schuhputzzeug
Beil
Beißzange
Flachzange
Schraubenzieher
Feile
Bohrer
Säge
Schrauben
Isolierband
Nieten
Gaslampen
Gaskartuschen
Klopapier
Funkgeräte
Feldstecher
Notizhefte

Ausrüstung für die Hochträger:

Hemden
Anmarschhosen
Unterwäsche
Pullover, dick
Bergschuhe, leicht
3 Paar Socken
5 Paar Strümpfe
Mehrfachschuhe
3 Paar Handschuhe
Mütze
Anorak
Gamaschen
Rucksack, groß
Tragekraxe
Taschenmesser
Sonnenhut
Feldflasche
Taschenlampe
Batterien
Daunenfäustlinge
Daunenjacke
Schlafsack
Liegematten
Zelt
Sonnenbrille
Pickel
Steigeisen
Kocher
Kochgeschirr
Eßgeschirr
Besteck
Klettergürtel
Sitzgürtel
Zigaretten, 10 pro Tag

Technik, Verhalten

Was muß man über das Bergsteigen in den Alpen hinaus können?
Das klassische Klettern und Eisgehen sowie Sicherungsmethoden, Bergrettungstechnik und Verhalten in kleineren Gebirgen (Alpen, Pyrenäen usw.) setze ich voraus. Bei Expeditionen nun kommt es weniger auf eine ausgefeilte Klettertechnik für extremen Fels an, als vielmehr auf sicheres, fast möchte ich sagen **instinktmäßiges Steigen** im mittelschwierigen Gelände.
Schon beim **Anmarsch** treten vielfach ernstliche Schwierigkeiten auf. Flüsse müssen überquert, Kletterstellen versichert und Eisbrüche sondiert werden. **Gletscherbäche,** die meist eisig kalt und reißend sind, werden am besten in den ersten Vormittagsstunden überschritten, in dem Augenblick, wenn die Wassermenge aufgrund des nächtlichen Frostes auf den Gletschern noch die geringste ist und doch die Sonne den unterkühlten Körper auf der anderen Flußseite aufwärmen kann. Kleinere Flüsse können einzeln überquert werden. Dabei behält man, wie auch bei allen großen Flüssen, Kleidung und Schuhwerk an. Auch beobachtet man die Kameraden und Träger. Besteht bei einem Fluß Gefahr, daß er einen Bergsteiger oder Träger mitreißen könnte, so überquert man ihn an einer langen Stange in Gruppe, und zwar so, daß sich jeder mit beiden Händen an dieser Stange halten kann und gleichzeitig jedem Halt gibt. Man überquert den Fluß im schrägen Winkel flußaufwärts. Daß zuerst eine relativ breite, flache Flußstelle als Furt gesucht wird, ist selbstverständlich. Ist der Fluß überall mehr als hüfthoch oder zwängt er sich durch eine Felsschlucht, so empfiehlt es sich, ein Seil zu werfen und eine Hängebrücke zu bauen.
Versicherungen an glitschigen und glatten, ausgesetzten Stellen **beim Anmarschweg** sollen wenigstens alle 5 bis 8 Meter eine Verankerung haben, die Seile gestrafft bleiben.
Bei **Gletscherüberquerungen,** die die einheimischen Träger nicht kennen, geht am besten eine Seilschaft voraus, um einen günstigen Weg zu finden.
Den Platz für das **Basislager** wählt man am besten so nah wie möglich am Berg, jedoch nicht höher als 5500 m. Dabei ist vor allem auf Lawinen- und Steinschlaggefahr zu achten, auch sollten die Zelte möglichst windgeschützt aufgestellt werden. Auch Basislagerplätze, die von anderen Expeditionen bereits benutzt wurden, sind auf ihre Sicherheit zu prüfen. Man muß immer mit dem schlimmsten Fall rechnen, das heißt damit, daß eine riesige Eis- oder Steinlawine von der Gipfelzone abgeht. Daß im Basislager Wasser vorhanden sein muß, nach Möglichkeit auch Feuerholz, ist selbstverständlich. Wenn es Gelegenheit gibt, das Basislager an einem letzten grünen Fleck einige Stunden vom Wandfuß entfernt zu errichten, empfehle ich, den Marsch dorthin in Kauf zu nehmen und diese letzte Oase zu nützen.
Die **Akklimatisationszeit** richtet sich nach der Höhe des Berges. Grundsätzlich akklimatisiere ich mich für einen **Fünftausender** wenigstens **eine Woche** lang, für einen **Sechstausender zwei Wochen** lang, für einen **Siebentausender drei Wochen** lang, für einen **Achttausender vier Wochen** lang. Dabei zählt natürlich auch die Anmarschzeit, soweit sie oberhalb von 2000 Metern Meereshöhe verbracht wurde. Auch für die hohen Achttausender, 8500 Meter und mehr, empfehle ich eine minimale Akklimatisationszeit von vier Wochen, sie sollte nicht länger als sechs Wochen dauern. Am Berg selbst steigt man am besten immer wieder auf und ab, für den Gipfelangriff empfehle ich einen stetigen Anstieg, der im Basislager beginnen sollte. Das Diagramm soll diese Art der Akklimatisation veranschaulichen:

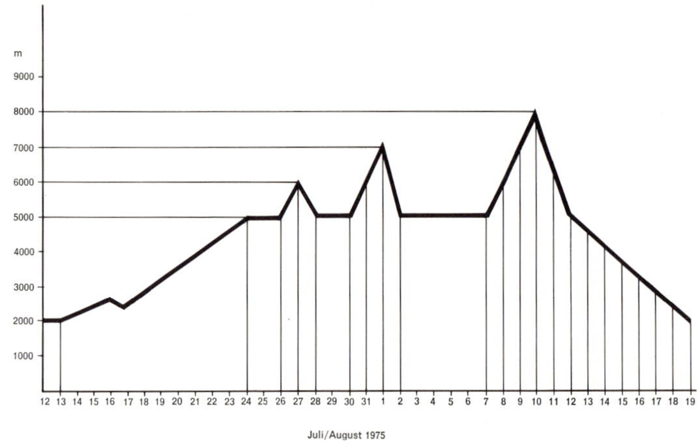

Das Akklimatisationsdiagramm Reinhold Messners am Hidden Peak

Der Aufenthalt in der **Todeszone,** die bei bester Akklimatisation zwischen 7600 und 8000 Metern beginnen dürfte, muß so kurz wie unbedingt nötig sein; sollte sie ohne Sauerstoffgeräte überschritten werden, darf sie nur einen Tag dauern. **Ein Biwak in der Todeszone ist immer lebensgefährlich.** In der Todeszone baut der menschliche Organismus nur mehr ab, eine Erholung ist auch bei Ruhe nicht mehr möglich und eine Verdauung ebenfalls nicht.

Bei einer klassischen Expedition, das heißt Aufbau von Hochlagern, Versorgung dieser Hochlager durch Hochträger oder Bergsteiger, dauerndem Pendeln zwischen den Lagern, ist es sinnvoll, alle schwierigen Stellen mit Fixseilen zu versehen. Diese **fixen Seile** sollen es auch klettertechnisch unerfahrenen Einheimischen ermöglichen, mit dem geringstmöglichen Kräfteaufwand aufsteigen und bei den schlechtesten Bedingungen auch in geschwächtem Zustand absteigen zu können. Die Stärke der Seile richtet sich nach der Häufigkeit der Verwendung und der Steilheit des Geländes. Im unteren Teil einer Achttausenderwand zum Beispiel empfiehlt es sich, 9 mm starke Seile zu verwenden, in der Gipfelzone reichen für eine einmalige Begehung oft auch 7 mm starke Seile. In felsigem Gelände müssen die Seile bei häufiger Benützung, an Reibstellen bei jedem neuerlichen Auf- und Abstieg, kontrolliert werden, auch sind Steinschlagverletzungen der Seile möglich. Die **Verankerungen** bestehen im Fels aus Haken, Felsköpfen und Sanduhren. Klemmkeile sind nur begrenzt zu verwenden, da sie, wie die Schlingen um Felsköpfe, bei Zug von oben (Abseilen, Quergänge) leicht herausgezogen werden können. Im Eis müssen Schrauben und Haken immer wieder neu eingedreht bzw. eingeschlagen werden. Felsinseln sollen unbedingt zur Verankerung ausgenützt werden. In Schnee und Firn gräbt man am besten Holzstücke als »tote Männer« ein. Eine Reepschnur, die aus dem Schnee herausragt, verbindet mittels Prusikknoten das laufende Fixseil mit einem möglichst krummen Holzstück. Die Seilstücke müssen soweit wie möglich alle zusammengeknotet werden. Auch ist es wichtig, daß sie nicht straff gespannt sind, sondern von Verankerungspunkt zu Verankerungspunkt Spielraum zum Abseilen bleibt. Der Aufstieg an den Fixseilen erfolgt mit Steigklemmen und einer jeweiligen Sicherung (laufender Karabiner), wobei zwischen zwei Fixpunkten jeweils nur ein Mann steigen soll. Das Anbringen von Versicherungen erfolgt am besten so, daß der Seilerste wie üblich klettert, überall dort, wo er für später einen Verankerungspunkt für notwendig hält, einen Zwischenhaken schlägt, das Seil durchlaufen läßt und am Standplatz eine Verankerung baut. Der Seilzweite steigt am Fixseil nach, fixiert dieses an den Zwischenhaken. Für das nächste Wandstück wird ein neues Seilstück zum Sichern beim Klettern und gleichzeitig Versichern benützt. Beim Abstieg kontrolliert man die Längen zwischen den einzelnen Fixpunkten und gleicht eventuell aus.

Sind bei Überhängen oder senkrechten Wandstellen Leitern notwendig, so darf ein zusätzliches Geländerseil zur Sicherung nicht fehlen.

Gletscherbrüche und größere flache Schneeflächen sollen immer mit **Orientierungsstangen** (Bambusstangen, etwa 1 m lang) markiert werden. Ein Fähnchen daran erleichtert im Notfall das Auffinden der Route.

Die Wahl der **Lager- und Biwakplätze** verlangt sehr viel Erfahrung. Obwohl Himalajahänge weniger lawinengefährlich sind als entsprechende Alpenhänge, muß aufgrund der größeren Ausmaße immer mit großer Vorsicht ans Werk gegangen werden. Als Lagerplätze bieten sich Pfeilerköpfe an, das Innere von Randspalten in Eiswänden, geschützte Terrassen. Wenn kein geeigneter Lagerplatz gefunden werden kann, gräbt man am besten eine tiefe Höhle in Firn und Eis und stellt Boxen so an die Wand, daß das Dach eine Linie mit der darüberliegenden steilen Flanke bildet.

Der **Höhenunterschied zwischen den Lagerplätzen** hängt natürlich von den Gegebenheiten der Wand ab. Grundsätzlich aber darf er im unteren Teil größer sein als oben, ungefähr zwischen 1200 und 500 m. Allzu viele Zwischenlager halte ich für taktisch ungünstig. Als Grundregel darf gelten, daß man bei Versicherung und schlechtesten Verhältnissen die Strecke zwischen zwei Lagern leicht an einem Tag im Auf- und Abstieg bewältigen kann.

Die **Taktik** des Aufstieges und Gipfelangriffes ist bei jeder Expedition eine andere. Sie hängt vom Wetter, von der Schwierigkeit und nicht zuletzt von der Stärke der Mannschaft ab. Bei Spitzenunternehmungen ist es selbstverständlich, daß die beiden besten Teilnehmer den ersten Gipfelangriff starten, daß dabei alle Lager besetzt sind. Es ist in diesem Fall auch wichtig, wer in welchem Lager sitzt. Ein Expeditionsarzt sollte auf jeden Fall im Sturmlager sein.

Expeditionen: wann – wie – wohin

Ziel/Gebirge	Gipfelhöhe	Land/Staat	Genehmigung
Pamirgebirge	7000—7500 m	UdSSR	begrenzte Einreise möglich
	6000—7000 m		
Afghanischer Hindukusch	Trekkings	Afghanistan	im Moment nicht möglich
	5500—7000 m		
	7000—7500 m		
Pakistanischer Hindukusch, Karakorum und Nanga Parbat	Trekkings	Pakistan	ja
	6000—7000 m		ja / $ 500 ca.
	7000—8000 m		ja / $ 1000 ca.
	8000 m u. darüber		ja / $ 2000 ca.
Berge in China: Tibet, Singkiang	Trekkings	China	ja / ca. $ 60/Person
	6000—8848 m		ja / $ 1000—3000
Nepal-Himalaja	Trekkings	Nepal	Trekking-Permit
	6000—6600 m		teilw. mit Trekking-Permit
	6600—8000 m		Genehmigung / ca. $ 800
	8000 m u. darüber		Genehmigung / ca. $ 1000
Sikkim-Himalaja	Trekkings	Indien	Permit
	6000—7000 m		Genehmigung
	7000—8000 m		Genehmigung
Neuguinea Carstensz-Gebirge	Trekkings	Indonesien	ja
	4000—5000 m		ja
Patagonien	Trekkings	Argentinien	—
	2000—4000 m		—
Anden und Kordilleren	5000—6000 m	Peru, Bolivien, Argentinien, Chile	nur für den Aconcagua
	6000—7000 m		
Alaska	Trekkings	USA	—
	3000—6200 m		—
Grönland	0—3400 m	Dänemark	—
Ostafrika	5000—6000 m	Kenia, Tansania	—

Dauer inklusive An- und Rückreise	Günstigste Jahreszeit	Anreise	Bemerkungen
4—6 Wochen	Juni, Juli, August	Flug, Geländefahrzeug, auch Bahn	am einfachsten im Bergsteiger-Austausch; Alpiniaden
3—4 Wochen			
3—4 Wochen	Juni, Juli, August, September	Flug oder eigenes Fahrzeug	auf Grund politischer Schwierigkeiten unzugänglich
3—5 Wochen			
4—6 Wochen	Juli, August		
3—8 Wochen	Mai—August	Flug oder eigenes Fahrzeug, Inlandflüge	große interne Flugwartezeiten einberechnen Hochträger: 80—100 Rs. Begleitoffizier notwendig
3—8 Wochen			
4—10 Wochen			
6—12 Wochen			K2 / $ 1500 Gebühr
4—6 Wochen	März—Oktober	Flug über Peking	seit 1980 sind Tibet, Singkiang, Sichuan offen
6—10 Wochen			
3—4 Wochen	Oktober—Mai	Flug oder eigenes Fahrzeug, Inlandflüge	werden von Reisebüros angeboten
4—5 Wochen	Oktober, April, Mai		ohne Begleitoffizier
5—7 Wochen	September, Oktober, März, April, Mai		Begleitoffizier notwendig
6—10 Wochen			Everest / $ 2500 Gebühr
3—4 Wochen	Vor- und Nachmonsunzeit	Flug oder eigenes Fahrzeug	Indien beginnt Expeditionswesen zu fördern
4—6 Wochen	April, Mai, Oktober		
5—8 Wochen			
4—5 Wochen	Jänner bis Dezember	Flug, Inlandflüge	die Einheimischen nehmen nun auch Geld als Trägerlohn
4—8 Wochen			
3—6 Wochen	November—März	Flug, Helikopter	sehr viel Sturm und schlechtes Wetter
4—10 Wochen	Dezember, Jänner, Febr.		
2—3 Wochen	Aconcagua u. Umgebung Dezember, Jänner, Febr.	Flug, Busse, gemietete Wagen	in den Anden wird nun im Alpenstil berggestiegen
3—5 Wochen	Peru usw. Mai bis August		
3—4 Wochen	Mai, Juni, Juli	Flug, Gletscherflug	wenig erschlossen
4—5 Wochen			lokale Führer
2—4 Wochen	Juli, August	Flug, Helikopter, Boot	viele Erstbesteigungsmöglichkeiten
2—3 Wochen	Dezember, Jänner, Februar, August	Flug, Geländefahrzeug	Klettereien aller Schwierigkeitsgrade

Weitere Bergbücher von Reinhold Messner

Bergvölker der Erde

. . . ehe ihre Spur verweht

»Ein Buch, das ein gewaltiges Thema wie eine Stimmgabel zum Klingen bringt; die Ernte seiner Bergsteigerjahre, die Messner hier in Bild und Text einbringt. Er beginnt mit seiner Urheimat, den Alpen, und spannt den weiten Bogen seiner Darstellung zwischen Demawend und Sahara, zum Hindukusch, zu Karakorum und Himalaja, nach Bhutan, Nepal, zum Hochland von Neuguinea und zu den Höhen der Anden.

Messner ist ein gewiegter Büchermacher geworden. Er bringt Poesie und Prosa, Information und Wissen in guter Mischung; das schöne Bild ist integrierender Bestandteil des Ganzen. Der Versuch einer Völkerkunde vom Relief her gesehen, gewiß keine erschöpfende Information, jedoch interessant, lesenswert, sehenswert.« (Österr. Alpenverein-Mitteilungen)

136 Seiten mit 94 Farbfotos, 21 Kartenskizzen, 1 Vorsatzbild und 1 Weltkarte, Format 18,5 x 25 cm, lam. Pp.

Ital. Ausgabe in Vorbereitung (erscheint 1976).

ATHESIA

Aufbruch ins Abenteuer

Bergerlebnisse aus fünf Kontinenten

»Messner ist ein ausgezeichneter Erzähler, darum gelingt es ihm, uns immer wieder in den Bann seiner Erzählung zu ziehen, uns beim Lesen den Eindruck zu vermitteln, als wäre man selbst dabei, man ergreift Partei, man bangt, und man freut sich unbändig über den endlichen Erfolg. So gesehen ist das Buch nicht nur für den Bergfreund, sondern für jeden, der sich ein bißchen Sinn für Abenteuer, für Ursprünglichkeit bewahrt hat, von großem Wert.« (ORF)

»Eines der wenigen wirklichen Erlebnisbücher aus dem Bereich des Bergsteigens.« (Der Bergsteiger)

128 Seiten mit 26 Farbtafeln und Stichwortverzeichnis, Format 18,5 x 25 cm, lam. Pp.

Titel der ital. Ausgabe:

L'avventura Alpinismo

Esperienze d'un alpinista in cinque continenti

ATHESIA

Zurück in die Berge

Bergsteigen als Lebensform. Bildband von Ernst Pertl

»Hier hat ein junger Mensch das ausgesprochen, was den meisten Bergsteigern im Innersten längst bekannt und vertraut, doch unformulierbar war. Die Fotos verdichten diese Aussage noch, indem sie das Leben in der Stadt, die Atmosphäre am Arbeitsplatz und die Umgebung, die wir uns selbst ‚geschaffen' haben, den Bildern aus den Bergen gegenüberstellen. Und es ist klar, daß der Vergleich für unsere ‚Lebensform' vernichtend ausfällt.

Ein wundervolles, faszinierendes und poetisches Buch, das man immer wieder lesen kann und lesen wird; ein Buch voll Leben und Stille — ein Bekenntnis an die Lebensform mit den Bergen.« (Winter-Bergkamerad)

120 Seiten mit 41 mehr- und 17 einfarb. Fotos von Ernst Pertl, Format 23 x 30 cm, lam. Pp.

Titel der ital. Ausgabe:

Ritorno ai monti

L'alpinismo come forma di vita — Pensieri e immagini

ATHESIA

Dolomiten Klettersteige

50 versicherte Höhenwege zwischen Brenta und Drei Zinnen

»Ein inhaltsreiches, anregendes Buch über die berühmten ‚Eisenwege', deren Beliebtheit bei den fortgeschrittenen Alpinwanderern ständig wächst. Messner gibt genaue Kennzeichnung der Schwierigkeiten und Anforderungen der einzelnen Wege, die Schwindelfreiheit, Trittsicherheit, Beherrschung des Selbstsicherungsverfahrens erfordern und, nicht wenige, Erfahrung und Ausdauer. Vorschläge zu Kombinationsmöglichkeiten und für Rundtouren schließen sich an.« (Münchner Merkur)

»Eine geglückte Verbindung von ‚schönem' Bildband, klarer, eingehender Information und kundiger Führung.« (Erdkreis)

135 Seiten mit 60 Farbfotos, 2 farb. Vorsatzkarten und 40 einfarb. Abbild., Format 18,5 x 25 cm, lam. Pp.

Titel der ital. Ausgabe:

Dolomiti — le vie ferrate

35 percorsi attrezzati fra il Gruppo di Brenta e le Dolomiti di Sesto

ATHESIA